Matignon la nuit

DU MÊME AUTEUR

La Ville noire, Corlevour, 2011.
La Musique des pierres, Gallimard, 2014.
Nouvelle jeunesse, Gallimard, 2016.
Une boîte de nuit à Calcutta, avec Makenzy Orcel, Robert Laffont, 2019.
Dans la tanière du tigre, Stock, 2022.

Direction d'ouvrage :

Shanghai. Histoire, promenades, anthologie et dictionnaire, Robert Laffont, coll. « Bouquins », 2010.

Nicolas Idier

Matignon la nuit

PLON
www.plon.fr

92, avenue de France
75013 Paris
Tél. : 06 45 87 50 01
www.plon.fr
www.lisez.com

Dépôt légal : août 2024
ISBN : 978-2-259-32000-9
Mise en pages : PCA

À toutes les plumes

« si l'Europe nous donne aujourd'hui de l'inquiétude,
c'est faute de rhétorique. »
Jean Paulhan, *Les Fleurs de Tarbes*

« et la nuit, vous n'avez pas peur, la nuit ? »
Agnès Varda, *Cléo de 5 à 7*

17:00

Dernier jour ici. Comme dans les séries américaines, où l'employé de bureau range ses affaires dans un carton de supermarché avant de prendre la porte sous le regard mi-goguenard mi-compatissant de ses anciens collègues, je rassemble les grigris avec lesquels j'ai essayé d'égayer mon austère quotidien de conseiller technique discours – autant dire, de sous-plume puisque le seul et très honorable conseiller en charge est Conrad d'Alençon, dont la réputation n'est plus à faire. Je suis une sous-plume, comme il y a des sous-mains. Un bout de plume et demain, un vestige de plume. Une ou deux barbules, à peine. Je n'ai presque rien pesé dans l'organisation sans faille du cabinet du Premier ministre. Mon départ se fera sans un tremblement, sans le moindre frémissement. Je n'aurai pas même le regard embué de mes collègues pour m'accompagner vers la sortie. De toute manière, ici, personne ne pleure. Ou alors, dans les toilettes, porte verrouillée.

Je n'ai pas encore éteint la télévision, au-dessus de laquelle trône le portrait officiel du président de la République, souriant, hyper jeune, collé à un bureau sur lequel on aperçoit : un livre ouvert – *Les Mémoires* du général de Gaulle – et plus loin, prudemment fermées,

Les Nourritures terrestres d'André Gide. Deux téléphones portables, une horloge qui indique l'heure de la prise de vues : 8 h 20, un encrier surmonté d'un coq. Dès que je vois ce portrait, le gallinacée me saute aux yeux. « Je ne connais pas cet homme. Et aussitôt un coq chanta. » Étant moi-même de ce signe astrologique chinois, je n'y perçois non pas un avertissement biblique, mais un encouragement discret, une connivence zodiacale, la seule explication plausible de ma présence ici. En arrière-plan, à travers la fenêtre grande ouverte, les jardins de l'Élysée se déploient.

Sur un bureau, que ce soit celui du président, d'un employé de série américaine ou d'un plumitif dans mon genre, on trouve toujours un petit musée personnel qui échouera tôt ou tard dans un carton de déménagement ou une benne à ordures.

Le mien, au 57 rue de Varenne, aile droite, 1er étage, bureau 169, est constitué d'une salière en plastique transparent, d'une photographie d'Indira Gandhi, d'une lampe à huile rapportée d'une colonie hippie de Rishikesh, et de quelques autres objets à l'utilité plus que contestable (un mug à l'effigie de Kevin Spacey en président des États-Unis, reçu comme cadeau pour l'achat en promotion de l'édition collector d'*House of Cards*, une paire de Ray-Ban Wayfarer à laquelle il manque un carreau, une pipe à opium). J'ai rangé le tout dans une caisse de douze bouteilles de Margaux éclusées depuis longtemps. Château Giscours. À une lettre près, le cénotaphe idéal pour un travailleur précaire du discours, prêt à rejoindre une grange délabrée de Charente, à moins de l'immoler à Nevers, le long des berges du canal de la Jonction, en souvenir de Pierre Bérégovoy. Je n'ai aucune raison de ramener cette collection absurde. Ne me reste plus qu'à l'enterrer au fond du jardin encadré des rues de Babylone et de Vaneau, comme l'aurait sans doute fait mon aïeul en ligne directe, le terrible Nau l'Olonnais, pirate célèbre pour sa prise de Maracaïbo en 1666 – première grande opération de flibuste contre le continent sud-américain tenu par les Espagnols –, mais qui finit haché, rôti et mangé par des cannibales. Malgré cette postérité ratée, Nau eut le droit à son portrait par John Steinbeck dans *La Coupe d'or* : « Les Espagnols auraient préféré rencontrer le diable sous n'importe quelle forme plutôt que de se trouver en présence de l'Olonnais. Le seul bruit de son nom dépeuplait les villages, et l'on affirmait que les souris se sauvaient dans la jungle à son approche. » J'avais hésité à accrocher le portrait de cet ancêtre trancheur de têtes qu'une gravure publiée en 1678 montre, le sourcil froncé et les lèvres serrées, sabre au clair, pointé vers un ciel d'orage. Cela aurait sans doute été mal interprété. Pourtant, la ressemblance saute aux yeux. Nul besoin de recourir à un test de filiation par le laboratoire en ligne MyHeritage ou AncestryDNA, notre sang n'a rien d'un contresens : même les souris me fuient.

Pour fêter mon dernier jour, ou plutôt ma dernière nuit, je décide de sabler le magnum de saké *junmai* (un des meilleurs) offert par Conrad, toujours très attentionné, en guise de cadeau de départ. J'extirpe de mon carton de déménagement le mug *House of Cards* et y verse un fond d'alcool japonais. Ma porte est fermée, personne ne vient plus me déranger. Je suis déjà à moitié oublié. Avachi dans mon siège à dossier ergonomique, mon attention est mollement absorbée par le flash info qui passe à la télévision, avec un mouvement de foule, un déploiement de CRS et un bandeau rouge en grosses lettres : « PAS-DE-CALAIS : DES MIGRANTS ENVAHISSENT UN CHAMP D'ÉOLIENNES ».

Le saké est à la bonne température. Je m'accorde une deuxième tournée quand ma porte s'ouvre à toute volée.

— T'as reçu mon message ? T'es sur le discours ?

— Le discours ?

— Oui, le discours ! Le Premier ministre l'a demandé. On ne fait pas attendre le Premier ministre.

Je ne comprends rien. Cela fait des jours, voire des semaines, que je moisis dans ma cage dorée à guetter la croissance d'un bambou anémique, à lire des articles en ligne de *Nature*, à composer des notes de prospective alors même qu'ici, la ligne d'horizon s'arrête à la double page d'un semainier. Par charité, Conrad me commande des fiches préparatoires - parfois des discours entiers - et Lena, la très influente conseillère communication, des éléments de langage pour répondre à des interviews et des « micros tendus », mais rien de plus. Le jeune conseiller - on l'appelle Van Gogh car il lui manque un bout d'oreille - fulmine :

— D'Alençon est introuvable ! Personne ne répond au téléphone ! Tu es le seul ici.

— Mais…

— Écoute, tu nous donnes cinq ou six phrases. Des *bullet points*. Du concret. Ce n'est quand même pas si compliqué !

J'essaye une nouvelle fois de faire valoir que je suis sur le départ, que je devrais même être déjà parti, qu'il est juridiquement indécent de me demander de travailler maintenant, alors que mon contrat est arrivé à échéance. Il ne veut rien entendre :

— Trouve-nous une punchline. Surtout, pas de syntaxe, pas de grammaire. De la RHÉ-TO-RIQUE (il découpe chaque syllabe avec les dents) à l'os.

Le plus discrètement possible, je plisse les yeux en direction de la carte IGN des départements de France punaisée sur le mur, le même modèle que l'on trouve dans toutes les préfectures du pays. Van Gogh martèle une seconde fois « à l'os », sans quitter des yeux l'écran de télévision où l'on voit à présent des migrants en équilibre sur les nacelles d'éoliennes. Mais comment ont-ils bien pu faire pour monter là-haut ? À cette seconde, face à ces silhouettes d'équilibristes sans papiers perchées à plus de cent mètres d'altitude, je prends conscience qu'il pourrait s'agir du discours de la dernière chance – rédemption ou réhabilitation –, celui qui m'évitera de me fracasser dans les bas-fonds de l'administration, d'achever ma carrière politique plus vite encore que je ne l'aurais commencée. Ce discours pansera mes blessures, guérira mon orgueil meurtri, sauvera le peu d'ambition qui m'anime encore. À une poignée de mois des prochaines élections, chaque mot compte : les miens seront dans la balance.

Enfin, je relève la tête et je le vois, avec ses yeux furieux, à ma gauche : Alain Robbe-Grillet. Il fait face au président de la République, comme un contre-modèle, un contrepoint, un contrordre, comme on voudra. Le très puissant Mobilier national n'a pas pu accrocher ce tableau ici, dans le bureau des plumes, par hasard.

Les deux se toisent avec le regard des boxers avant la cloche. À moins qu'un lien ésotérique, un pacte secret n'ait été scellé entre eux, à mon insu.

18:00

Assis au milieu de la table, qui fait toute la longueur de la salle du Conseil, le pétulant conseiller chargé de la cohésion des territoires et du maintien de la paix civile tente de se montrer rassurant : « Il ne peut y avoir de révolution. Tout juste un incident. Un remous de surface. On aura vite réglé le problème. » Avec son accent toulousain et ses boutons de manchettes dorés, il ressemble aux croupiers de Las Vegas ou d'Ostende. Quand le secrétariat m'a prévenu de cette réunion, j'ai cru qu'on m'appelait par erreur. Puis, j'ai repensé à Van Gogh. Pourquoi m'avait-il refilé ce discours ? J'en apprendrai sans doute davantage en rejoignant la salle du Conseil.

Avec ses boiseries recouvertes de dorures, elle est l'un des plus beaux salons de Matignon, là où étaient servis des diners à quinze plats. Six médaillons évoquent chacun une fable de La Fontaine. « Le Loup et l'Agneau ». « Le Renard et les Raisins ». Pendant que sont discutés les projets de loi et les états d'âme des Français, La Fontaine s'amuse. Il a été très clair sur l'attitude à avoir :

J'aime le jeu, l'amour, les livres, la musique,
La ville et la campagne, enfin tout : il n'est rien

Qui ne me soit souverain bien,
Jusqu'au sombre plaisir d'un cœur mélancolique.

Pourtant, le plafond est peint de blanc. Le général de Gaulle, en 1946, avait censuré les déesses dénudées de Thomas Couture, peintre des *Romains de la décadence* qui est aujourd'hui à Orsay. Femmes alanguies, coupes de vin brandies avec fierté, ivresse et joie. Le libérateur de la France, dans un accès de pudibonderie, nous a privés pour toujours de ces créatures sensuelles penchées sur nos travaux. Contrairement à celles d'autres salons, la grande tapisserie du XVIIIe siècle est toujours en place, heureusement. Don Quichotte est au bal chez Don Antonio. Il danse, mais reste fidèle à Dulcinée, l'amour de sa vie. Il danse jusqu'à tomber de fatigue. Cette tapisserie a été suspendue là en 1935. Voilà donc bientôt un siècle que les réunions de tout genre ont lieu sous le regard heureux de Don Quichotte, chevalier de la Manche.

La longue table est recouverte d'une sorte de feutre rouge foncé, comme dans une loge d'opéra, avec des micros pour chaque intervenant. Je suis étonné d'y retrouver plusieurs conseillers. Depuis des mois, un grand nombre de réunions ont été remplacées par des « visios ». Est-ce à cause de ce nouveau moyen de communication que nous perdons toute consistance humaine ? Pour ma part, j'ai peu à peu déserté, laissant le combiné en haut-parleur pendant que je me renversais en arrière, le sommeil accéléré par un demi-Xanax. Cela explique sans doute, au moins en partie, que personne ne me retienne ici.

Assis sur une chaise en plastique transparent, m'efforçant d'être moi-même le plus transparent et plastique possible, et de ne surtout pas attirer l'attention du maître de cérémonie, je m'attends à ce que celui-ci ajoute à tout moment : « Rien ne va plus, les jeux sont faits. » Les conseillers ont été convoqués en urgence. Vu la situation – c'est bien la première fois que des migrants manifestent, les autoroutes sont bloquées, les forces de l'ordre, déployées –, le préfet est sur les nerfs, le gouvernement sur la brèche, et le cabinet du Premier ministre, sur la sellette. Alors que la course aux présidentielles a déjà commencé, les téléphones s'affolent. Les écrans clignotent au rythme des notifications. Messageries plus ou moins cryptées, alertes média, réseaux sociaux en ébullition. La conseillère diplomatique évoque la complexité de la situation avec le Foreign Office. Depuis le Brexit, le Royaume-Uni est aux abonnés absents. Le conseiller aux affaires intérieures, en ligne directe avec son ministre, évoque « une situation insurrectionnelle » ou encore « une menace pour la sécurité du territoire ». On ne voit pas vraiment ce qu'il veut dire. Le conseiller écologique rappelle que les Hauts-de-France sont la région où il y a le plus d'éoliennes. Il s'inquiète d'une potentielle attaque contre ce qu'il nomme « le schéma énergétique ». La place habituelle de Conrad est restée vacante. Assise en face du Premier ministre, Lena est ailleurs. Peut-être là-bas, entre Peuplingues et Sangatte, au sommet d'une éolienne, à scruter les bataillons de CRS acheminés par autocars grillagés depuis l'A16 et la D940 de Calais ?

C'est pourtant maintenant que sont requis ses talents de communicante, ses intuitions fulgurantes, son carnet d'adresses contenant les coordonnées du gotha journalistique parisien. Tous les regards sont fixés sur elle, qui sait trouver la solution aux crises, nombreuses, rapides dans leur enchaînement, toujours différentes et toujours médiatisées à outrance jusqu'à l'instant où une crise nouvelle remplace la précédente. Les chefs de pôles s'agitent, tourbillonnent, se désaxent comme des planètes percutées par une pluie de météorites. J'observe chez certains des signes évidents de désordre nerveux, d'anxiété difficilement maîtrisée, de montée d'œstrogène mal employée. Si la crise perdure, la présidentielle nous échappe. Si la présidentielle nous échappe, c'est la dégringolade des carrières, le placard assuré pour plusieurs années. Certains cerveaux s'inondent, d'autres pataugent, connectés à distance par lignes sécurisées et cryptées. Les terminaux d'audioconférences Samsung avec leurs tentacules de pieuvres étirés au milieu de la table diffusent leur halètement-panique entre deux grésillements. Lena sort enfin de sa torpeur : il faut reprendre la main, ne pas se laisser imposer le rythme par la crise, garder le contrôle. Ce n'est pas aux flics de gouverner le pays, ni au préfet, connu pour ses ambitions électorales, de s'offrir un shot de C-News. En bref : pas de discours depuis les salons dorés, le Premier ministre doit se rendre sur place. C'est la dernière carte à jouer avant la période de réserve.

Pendant que le Premier ministre applaudit et réclame « du terrain, du concret, du sable dans les chaussures cirées », je rêvasse à la fête que Conrad m'avait fait miroiter.

À la place d'un bal, j'ai droit à une crise.

Tout le monde se lève. Les ordres sont donnés. Chaque conseiller a une commande précise, des coups de fil à passer aux administrations, des notes à communiquer aux rédactions pour informer la presse régionale, des télégrammes diplomatiques à envoyer dans les chancelleries, des éléments de langage à transmettre aux ministres qui se disputent déjà la place aux matinales du lendemain, des ripostes à orchestrer pour éviter que les oppositions ne récoltent la mise, un webinaire à organiser avec les députés.

Poursuivie par son escorte de petits génies de la communication, déjà prête à envoyer les *indiscrétions* qui mettront BFM sur le gril, Lena se plante devant moi :

— J'ai quelque chose qui pourrait t'aider pour le discours.

De l'opium ? De la patrijuana[1] ? Un accès premium à ChatGPT ? Juste avant de franchir la double porte, elle me lance :

— On se voit cette nuit.

Les horloges s'arrêtent. L'ancienne salle à manger de prestige des Galliera se vide. Certains conseillers conspirent à voix basse, d'un air préoccupé, d'autres sont déjà immergés dans leurs téléphones portables. Je laisse mes doigts glisser sur le velours qui recouvre la table de travail, avec ses dizaines et dizaines de chaises en désordre et ses micros à voyant rouge. Des dossiers ont été abandonnés. Les feuilles volantes se mélangent, au milieu des tasses de café et des verres de jus d'orange bus à moitié.

La réunion n'a pas duré très longtemps. Le Premier ministre a fixé les grandes lignes. À présent, la patience est de mise. Il sort dans les jardins, s'allume un Churchill et marche, d'un pas lent de grand homme. Je m'approche de lui, légèrement grisé : « Qui porte des chaussures

1. Drogue douce qui renforce le sentiment patriotique.

ignore la souffrance de qui marche pieds nus ! » Il me regarde avec stupéfaction, mais je crois qu'au fond de lui, il comprend très bien. Ce serait une erreur de penser que la politique est une science exacte. Le seul principe que je m'impose en présence du Premier ministre, c'est d'être cohérent dans l'incohérence.

De retour à mon bureau, il est urgent de rester calme, de comprendre les événements. Je me verse une grande tasse de saké puis rallume la télévision et ouvre le livre qui me sert de presse-papier : *René Leÿs*. Au moment de préparer mes affaires, j'étais tombé par hasard sur ce bref roman. Un dragon rouge danse sur la couverture. Son auteur, Victor Segalen, l'a écrit aux abords de la Cité interdite, dans les derniers feux de l'Empire de Chine.

C'est un peu comme lire un polar nordique au bord d'une piscine à Tanger. Ce roman inapproprié, égotique et exotique est parfait. Je lis et relis une phrase, déjà surlignée, à la première page : « Je ne saurai donc rien de plus. » Ne me reste plus qu'à regarder à travers l'étang de lotus. Ils fleurissent dans les canaux de la Cité interdite qui se couvrent d'un rose profond, et plus discrets, sur les brûle-encens en émail cloisonné de la dynastie Yuan. C'est en tous les cas sur une large fleur de lotus que le prince Siddhārtha Gautama, mieux connu sous le nom de Bouddha, s'est installé pour entretenir son état d'Éveil.

J'augmente le volume sonore de la télévision : le préfet parle d'ouvrir le feu pour disperser les migrants. Un vieux commentateur qui a commencé le journalisme au temps de l'ORTF s'extasie – ou s'insurge, difficile de savoir –, tout se mélange dans son esprit de chapon farci, la rafle du Vél d'Hiv et les Algériens dans la Seine, Maurice Papon et Adolf Hitler. Un autre se félicite : c'est le retour de l'Autorité, de l'État, de la France.

Rien ne va déjà plus, mais les jeux ne sont pas encore faits.

19:00

Règle numéro 1 : avant d'écrire un discours, toujours faire le vide. Ranger. Mettre de l'ordre. Me restent un ou deux tiroirs à débarrasser. Dans celui du haut, je retrouve, sous un fatras de stylos à moitié foutus, de gommes, de trombones et de Post-it, une pochette en plastique vert pomme. Elle contient mon contrat « de cabinet » et l'avis n° 162 de la Haute Autorité pour la transparence de la vie publique relatif au projet de ma nomination au poste de conseiller technique discours au cabinet du Premier ministre. Les règles du jeu sont définies à l'avance : « Le présent contrat prendra fin le jour où M. le Premier ministre cessera d'exercer ses fonctions. » Au fond de la pochette, j'avais glissé une petite pierre aux bords tranchants, couleur caramel, depuis totalement oubliée. Avant de relancer la roulette, je serre à toute force ce fragment de silex ramassé au mémorial de la Résistance de Chasseneuil-sur-Bonnieure, le jour de mon premier contact du troisième type avec la soucoupe volante « Matignon ».

Une notification tressaute sur mon écran d'ordinateur : un mail de Van Gogh. Je le supprime sans l'ouvrir. À quoi bon ? Ce n'est tout de même pas moi qui vais sauver la France. Mon contrat est très clair : je ne suis que conseiller technique, tout en bas de la pyramide. En fait non, il y a plus bas encore : les chargés de mission. Et je ne parle pas des stagiaires... Ces derniers sont rares, et parfaitement invisibles, malgré leurs efforts de politesse, d'enjouement, de bonne humeur, à l'image de mon jeune voisin d'étage, un grand garçon souriant qui passe des journées entières à préparer des stories pour les réseaux sociaux. Tout le contraire de Van Gogh, qui à chaque fois me regarde comme si je venais de battre le record mondial d'apnée dans une fosse septique. C'est pourtant lui qui m'avait appelé ce jour-là, dans les contreforts du Massif de l'arbre, premier mont du Massif central, loin de tout, y compris de la 5G. Ce fut l'une des pires communications téléphoniques de ma vie.

Je m'étais replié dans cette vieille maison très reculée, perdue entre la forêt dite « de la Braconne » et un champ d'éoliennes en attente de maintenance. De temps à autre, un poids lourd glissait sur la nationale 10, ma ligne d'horizon. Assis sur un rocking-chair avec une bouteille de 1664 à portée de main et une boîte de cigares mexicains, je l'observais à la jumelle en écoutant à fond des chants de moines tibétains, rythmés d'une vibration profonde, hypnotique. Cette musique étrange pénétrait toujours plus loin dans la fibre de mon corps et me reliait à la nature. Étais-je en train de devenir fou ? Marginal ? Excentrique ? Comme tant d'êtres humains, je crois surtout que j'étais fatigué, en plein *burn-out* générationnel. Le jugement était sans appel : nous avions rendue impossible l'idée même d'avenir. J'avais besoin de m'aérer l'esprit, de me retirer du monde. Mes journées étaient tissées de longues marches sur des chemins boueux, de lecture de philosophie antique chinoise et d'omelettes aux herbes sauvages. Aux premières lueurs de lune, je prenais place, toujours seul, à la table en Formica de la cuisine et j'attendais. J'ai toujours éprouvé une nette prédilection pour l'attente. C'est un signe discret d'optimisme.

De temps en temps, d'un coup de voiture (Dacia, portes arrière coulissantes, modèle Docker 2013, rapportée avec précision sur ma déclaration auprès de la Haute Autorité pour la transparence de la vie publique), comme un antidote au spleen, j'arpentais la nationale 10. La beauté de ce morne tronçon de route me ravissait.

C'est non loin de là, à Chasseneuil-sur-Bonnieure, alors que je remontais à peine de la crypte où reposent une trentaine de combattants, qu'un coup de fil était venu me tirer de ma douce somnolence. En contrebas, le maquis de Bir Hacheim avait fourbi les armes. Un peu plus loin, le village d'Oradour-sur-Glane était passé au tamis des mitrailleuses nazies. Dans la lumière décalée de ce début d'été, plus de deux mille croix brillaient comme des diamants oubliés. Le silence pesait lourd, jusqu'à ce qu'il soit interrompu par la sonnerie de mon téléphone (« Atomic Bell »).

— Allô, je vous appelle de Matignon.

— D'où ?

— Matignon. Le Premier ministre.

La communication passait mal, le réseau était en piteux état, j'entendais à peine, je n'arrivais pas à comprendre qui me parlait. Le Premier ministre ? Comme la majorité des Français, je ne savais même pas qui c'était et je ne lisais *La Charente libre* qu'une fois par semaine, quand j'allais à la boulangerie acheter un pain de campagne.

Un remaniement avait eu lieu la veille, mais en quoi cela m'aurait-il concerné ? J'étais loin de tout, au milieu d'un cimetière.

— Vous nous avez été recommandé, mais pour ne rien vous cacher, je ne suis pas encore sûr que vous fassiez l'affaire.

Je n'avais pas eu le temps d'expliquer que la politique m'assommait, voire qu'elle me procurait une légère nausée, que je n'étais pas intéressé, qu'on me laisse tranquille, et que moi non plus je n'étais pas encore sûr, la communication s'était interrompue. J'étais hors réseau, hors circuit, hors de moi. Je pensais être enfin tranquille, libéré de l'ambition, nettoyé de l'avenir, affranchi des grilles de rémunération, et me voilà cueilli par surprise. En attendant que rappelle le numéro caché, j'avais déambulé parmi les pierres tombales, figées dans une terre aride comme le gravier d'argile blanche d'un jardin japonais. En bordure, des roses rouges. Là-bas, certaines stèles sont gravées d'étoiles de David et de sourates du Coran. Avant de repartir, j'avais ramassé un morceau de silex que j'avais glissé dans ma poche.

Deux ans plus tard, me voilà qui serre à toute force cette pierre tranchante comme un rasoir en essayant de compter des silhouettes en équilibre sur cette éolienne filmée par drone. Je ferais mieux d'aller voir Van Gogh et d'écouter ses consignes.

20:00

J'attends depuis au moins une heure dans son bureau. Mon bras droit est douloureux, comme un début de paralysie ou une inflammation des nerfs. L'huissier m'a installé dans cette pièce lumineuse, au plancher de bois clair. Aucun tournesol ici, ni autoportrait tournoyant de couleurs, mais une grande tapisserie qui montre trois hommes vigoureux, pantalons remontés au-dessus des genoux, soulevant un filet de pêche sous le regard placide d'un groupe de femmes aux robes froissées. L'ancien bureau du général de Gaulle. Cette tapisserie, œuvre du frère de Casanova, n'était pas encore là au temps du Général. « L'homme de personne », comme il aimait à se désigner lui-même, avait été appelé à Matignon pour mener à bien la réforme constitutionnelle qui devait fonder une nouvelle République. J'ai apporté le petit silex de Chasseneuil, enfoui dans ma poche. Le Général aurait-il été sensible à cette relique empruntée à la sépulture de deux mille combattants de la liberté ?

Sur la table basse, au milieu des magazines et des quotidiens du jour, j'aperçois un livre d'Élizabeth Teissier, l'astrologue de François Mitterrand. Je le parcours, surpris de trouver ici un tel ouvrage. Ce président d'un autre temps consultait secrètement la médium qui aurait établi des prévisions précises des plus grandes crises internationales, comme l'invasion du Koweït par Saddam Hussein à l'été 1990 ou encore l'étrange « risque de retour à la guerre froide ». Mitterrand demandait le thème astral de ses ministres, il s'inquiétait de l'occulte. « Je crois aux forces de l'esprit et je ne vous quitterai pas », avait-il prophétisé lors d'une de ses dernières allocutions télévisées, les yeux creusés par une maladie clandestine. Les étoiles n'y pouvaient plus rien.

Toujours aucun signe de Van Gogh. Derrière la porte qui sépare le bureau de celui du Premier ministre, j'entends ce dernier exploser de colère. Il tonne : « Vous me demandez l'impossible ! » À qui parle-t-il ? Au président ? À Van Gogh ? À sa femme ? À lui-même ? Cette phrase reste suspendue en l'air, elle tape contre les plafonds, pourtant très hauts.

Si un chef d'État de la stature de François Mitterrand s'est intéressé aux prédictions des astres, c'est que la politique se nourrit d'irrationnel. Elle puise aux sources les plus rares. En haut lieu, certains ont ainsi acquis une solide réputation dans l'art de prévoir. Un geste symbolique, comme le cadeau officiel remis au Premier ministre indien d'une édition très rare d'*À la recherche du temps perdu*, un déplacement surprise au fin fond de la France ou encore des investissements massifs dans une technologie balbutiante : derrière chacune de ces décisions, il y a certes tout un appareil d'État de conseillers, d'ingénieurs, d'experts, mais aussi des visiteurs moins conventionnels (astrologues, prêtres, rabbins, marabouts). Des messages dignes de l'oracle de Delphes font sonner dans la nuit les téléphones des femmes et des hommes de pouvoir, conseillers, diplomates, têtes d'entreprise, personnalités d'influence, parfois même en uniforme à barrette. Certains iraient jusqu'à invoquer les fantômes, faire tourner les tables, se procurer des planches de ouija auprès de la Maison de la radiesthésie (22 rue Godot-de-Mauroy), fournisseur officiel de l'occulte depuis 1925. Tout conseil est bon à prendre, d'où ce constant voisinage avec les écrivains, qui sont des diseurs de bonne aventure. Ils écrivent dans les lignes de la main. De Gaulle et Malraux, Mitterrand et Duras : la Ve République est l'enfant de l'armée des ombres, une légion d'occultistes en tout genre.

Toujours aucun signe de l'autre côté. La secrétaire particulière du Premier ministre, qui officie depuis Michel Rocard, m'indique par compassion et à voix basse qu'il a rejoint ses appartements privés. Le dîner vient d'être servi dans la petite salle à manger. J'hésite à lui demander le menu : pour un discours, le moindre détail est utile. Tandis que je rebrousse chemin, Van Gogh surgit : il me tend un dossier dans une chemise rouge sang tamponnée : « Confidentiel Défense ».

— Prends ça, il n'y a pas une minute à perdre. Notre problème avec les migrants, c'est le narratif ! La cohérence se fait par le récit. Le récit est performatif.

Il ajoute :

— Désolé, mais on mange du bœuf sauce maroilles. Il ne faut pas laisser refroidir !

Les propos de Van Gogh ont une profondeur philosophique certaine, mais je n'ai pas le temps de poser d'autre question que la porte se referme déjà. La tête me tourne. C'est bien la première fois que je récupère un dossier classé défense. Je fais demi-tour, envahi d'une sensation inédite et vertigineuse : celle de compter, d'exister, d'être utile. Direction le confidentiel, le secret, la défense.

21:00

Je n'ai plus qu'une chose à faire : écrire. Je regarde ma montre. J'ai le temps, mais la vérité, c'est que j'ai mal partout : ma plante des pieds est irritée, mon cartilage vertébral s'effrite, mon crâne bat comme un tambour, mes sourcils se décollent, ma vue se trouble, je ne vois ni de près, ni de loin, des rougeurs s'étendent sur mon ventre et mes cuisses, et le pire, c'est que ça me fait un mal de chien quand je vais aux toilettes.

Je réfléchis à l'étrange enchaînement de circonstances qui m'ont mis dans cet état de fatigue aussi bien physique que morale. La difficulté croissante de ces derniers mois de travail, avec l'impression grandissante que la planète entière tournait à l'envers. La perte de mes repères habituels, la déstructuration de mes convictions. Passé un certain cap, la vie nous échappe et il n'y a plus qu'à se plier à l'ordre imposé, en espérant toutefois un genre d'intervention miraculeuse, que tout finisse – non pas simplement par redevenir comme avant – mais par *aller mieux*.

Malgré ma déconfiture, j'ai le sens du devoir – ou, plus vraisemblablement, j'ai peur de désobéir à Van Gogh. J'ouvre le dossier et deux mots bondissent comme le diable de sa boîte : RISQUE MAJEUR.

22:00

Ma rétine se frotte aux dizaines et dizaines de pages du dossier « confidentiel défense ». Des notes abrasives de la Direction départementale de la sécurité publique, de la Direction générale de la sécurité intérieure, de la Coordination nationale du renseignement et de la lutte contre le terrorisme, mais aussi de la DRM, DRSD, DNRED, TRACFIN et DRPP, SCRT, SNRP, SDAO, sans compter d'autres fiches encore de la Direction nationale de la police aux frontières, des statistiques, des photographies satellites, des cartes, encore d'autres cartes, des biographies détaillées des responsables de terrain, élus locaux, fonctionnaires, hauts fonctionnaires et même journalistes. Tout y est, jusqu'au reflux.

Un discours n'est pas un lit d'épandage. Il doit avoir sa propre autonomie énergétique. Impossible, avec ça, d'écrire le moindre mot. J'ai rouvert mon carnet. Je repense aux conseils de Van Gogh : « Pas de grammaire, pas de syntaxe, des *bullet points* » et me ressers un saké. Seul alcool qui n'embrume pas, mais éclaircit l'esprit, il aiguise les phrases, rend concis. Sans lui, pas de haïku. Sans haïku, pas de discours. J'ai mis de côté les livres empruntés au centre de documentation, le service du

Premier ministre le moins utilisé de tous. La bibliothécaire m'avait bien précisé que ces ouvrages devraient lui être rendus, sans préciser la date. Ici, personne ne parle jamais de date, et pourtant, on sait qu'il y en aura une. Le remplacement du Premier ministre par un autre. La fin du cabinet. La fin du monde. La fin tout court. Je suis un retraité anticipé. Un rescapé du futur proche.

Malgré l'étau qui se resserre sur mon cou, je penche la tête pour lire ces titres imprégnés d'optimisme : *L'enfer de Matignon*, *La malédiction Matignon*, *Bail précaire à Matignon*, *Voyage au bout de la nuit de Matignon*, *Apocalypse-M*. Les anciens Premiers ministres jubilent. « La vie quotidienne à Matignon est un harassement continuel, sans vrais moments de liberté. » « Si vous n'êtes pas rapide, vous êtes mou. Si vous êtes mou, vous êtes mort. » « J'étais comme un boxer K.-O., balancé d'un coin à l'autre du ring. » « J'ai trouvé difficile de garder jour après jour la même énergie, la même tension. C'est un travail d'usure. » Et puis, cette maxime saisissante : « Matignon, c'est traverser l'enfer en sachant de source sûre que le paradis n'existe pas. »

Le président de la République est conscient, quand il arrive au palais de l'Élysée, qu'il est accompagné par des millions de Français, qu'il emménage dans un gratte-ciel surpeuplé. Le Premier ministre, lui, est un cosaque sans armée. Il avance sur la pointe des pieds de peur de faire grincer les lattes du plancher. Cependant, entre l'Élysée et Matignon, la mécanique des fluides se met vite en place : l'un se vide, l'autre se remplit.

Mécanique des fluides, ou plutôt : lessiveuse. Quiconque entre là-dedans en sort essoré. En Allemagne, le bâtiment vitré de la Chancellerie fédérale est surnommé *Waschmaschine*, ou mieux encore *Kanzlerwaschmaschine* – « machine à laver du chancelier ». Matignon est une machine à laver. Programme court.

Lessiveuse, mais aussi château fort assiégé. Quel qu'il soit, le Premier ministre est cerné : par le président, qui l'a choisi et se méfie aussitôt ; par le Parlement, qui le jauge et le défie ; par les médias, qui aspirent aux tempêtes et se délectent de la chute ; par ses ministres, qui pensent qu'ils feraient mieux à sa place tout en s'inquiétant de lui car leurs destins sont liés. Mais il est surtout cerné par le réel. Le réel est plus réel que jamais. Il écrase. De plus en plus agacé par ma propre irréalité, j'ouvre *René Leÿs* au hasard et tombe sur cette ligne écrite à la main dans la marge de la page 203 :

Riez d'espoir sous la crépitation de son fouet lancinant.

Je jette un œil au portrait de Robbe-Grillet, qui occupe la moitié du mur :

— Fais gaffe, Alain. Ce n'est pas parce que t'es écrivain que tu dois te croire tout permis !

Il ne répond pas. Le réel est un fouet lancinant. Le Premier ministre, lui, en raffole. Cet homme grand pourrait être rigide s'il n'était doté d'une forme de souplesse chinoise, mélange de calme, de légèreté et de rapidité nerveuse. Non pas un boxeur, mais plutôt un pratiquant d'arts martiaux, usant d'agilité, de force rentrée, de déploiement. Un côté *Kung Fu Panda*, un charisme enrobé. Certes, je l'idéalise, et alors ? Le président l'avait rappelé d'urgence. La situation l'exigeait. Il traînait la réputation d'être le spécialiste des crises, des problèmes insolubles, des nœuds gordiens, de drisse, en huit, de chaise – la sainte Rita de la décennie 2020. Des photos de lui parsemaient les réseaux sociaux. On le voyait tantôt parmi des militaires déployés en opération extérieure, tantôt avec les forces de sécurité civile, tantôt assis seul, pensif, dans un métro désert, ou encore, pris de loin, en train de repeindre le mur d'une bergerie à flanc de coteaux. « Loin de l'empereur, près du ciel. » Il n'aurait jamais pensé revenir aux affaires, du moins c'était ce qu'il m'avait confié lors de notre première conversation, « mais on ne dit pas non au président » – moi non plus, je n'avais pas dit non au Premier ministre, ou plutôt, à son service commandé.

Les saccades de la conjoncture, comme disait le général de Gaulle, s'accélèrent, se multiplient, gouttes d'eau du supplice chinois, ou déferlantes s'abattant sur le phare en pleine mer. La crise sanitaire avait été oubliée aussi vite qu'elle était arrivée, immédiatement remplacée par d'autres, des secousses, catastrophes variées. La liste n'avait cessé de s'allonger : guerres à répétition dont certaines à fronts renversés, éclatement de bulles spéculatives et panique des marchés, émeutes urbaines, pénurie d'eau, incendies géants, grèves générales et interruption du trafic routier et ferroviaire, surchauffe des réseaux, piratage numérique, files d'attente à la soupe populaire, blocage des raffineries, augmentation du prix à la pompe, inflation rampante, le tout sur fond d'anxiété, consommation massive d'antidépresseurs, antipsychotiques, sédatifs, calmants en tous genres, yoga frénétique, hôpitaux psychiatriques saturés, défiance sociale, délation entre voisins, profanation de cimetières, regards de travers, commentaires de plus en plus haineux. Et le *summum*, en direct sur toutes les chaînes : des migrants vacillant au sommet d'éoliennes.

22:08

À la veille de la Seconde Guerre mondiale, la plus grande chanteuse de jazz de tous les temps chante « Strange Fruit ». Ce *fruit étrange* désigne un homme noir pendu à la branche d'un magnolia par de vigoureux Américains du Sud des États-Unis :

Blood on the leaves and blood at the root
Black bodies swinging in the southern breeze

Je contemple ma pauvre pousse de bambou dans son vase en forme de tube à essai rempli de racines blanchâtres. Si je la range dans ma boîte de déménagement, l'eau se renversera et tout sera trempé. J'hésite à la balancer à la poubelle, ou alors à l'abandonner lâchement sur un des meubles Ikea. Peut-être qu'une plume du futur, apprenti gourou du verbe, doctorant ès langue de bois, la trouvera et que cette plante anémique lui apportera un peu d'inspiration dans les moments de doute. Soudain, je m'empare du bambou.

J'ai une idée. Le genre d'idée parfaite avant de se lancer dans l'écriture d'un discours. Un américain bagarreur buvait un Bloody Mary pour chasser sa gueule de bois. Un dépressif dans la fleur de l'âge fait du yoga pour les mêmes raisons. Un aventurier compulsif escalade la façade de Notre-Dame, et Proust son lit. Giono roule en 4CV et K. Dick un pétard. Charles Bukowski allait traîner aux courses et d'autres au café. Et moi, ô moi, je planterai un bambou.

Depuis près d'un demi-siècle, chaque Premier ministre y va de son arbre dans les jardins de Matignon. Mais attention, pour avoir droit à ce privilège, il existe une règle, écrite nulle part, mais connue de tous : il faut avoir passé au moins six mois dans ses fonctions. Bernard Cazeneuve y déroge après quatre mois pour se mettre à l'ombre d'un magnolia de Kobé. Leur emplacement est choisi par les jardiniers, en fonction de l'ensoleillement, du vent, du besoin d'eau et du voisinage. Les Premiers ministres savent que leur arbre est un symbole – et pour certains, le seul souvenir qu'ils laisseront ici. Moi qui ai déjà été oublié avant même d'avoir quitté les lieux, j'inséminerai en douce mon bambou dans les jardins de Matignon. Il s'ajoutera ainsi à l'érable à sucre de Raymond Barre, au ginko d'Édith Cresson – un des plus vieux arbres du monde, le seul à avoir repoussé sur le sol dévasté d'Hiroshima en 1945 –, au tulipier de Pierre Bérégovoy, ou encore aux chênes de Hongrie, copalme d'Amérique, érable argenté, ormes et pommiers. François Fillon avait choisi quant à lui le cornouiller des pagodes – dont le nom latin aurait dû l'inquiéter : *Cornus controversa* – tandis que le locataire du moment – conseillé par son épouse – a jeté son dévolu sur le frêne, réputé pour son bois qui résiste bien au feu.

C'est donc à côté de cet arbre que je plante mon humble bambou. Seul, dans le jardin, de la terre sous les ongles, je contemple la jeune pousse qui, d'ici quelques semaines, devrait déjà mesurer un ou deux mètres. Me revient une citation de Zheng Xie, célèbre pour ses bambous nés d'un unique trait de pinceau, que l'on peut admirer au musée Guimet : « Lorsque les mœurs dégénèrent, ne soyons pas complices des criminels. » Libertin, désinvolte, volontiers oisif, érotomane notoire et ivrogne à ses heures, Zheng Xie fut aussi un fonctionnaire-lettré attentif au bien-être de ses administrés. À l'image de sa plante de prédilection, il est resté droit dans l'adversité. Je sors mon carnet de plume arboricole, en prenant garde de ne pas le salir, et j'écris, en son honneur :

NE SOYONS PAS COMPLICES DES CRIMINELS.

22:31

De retour à mon bureau, chaussures et mains pleines de terre, j'avale un grand mug de saké. Mon esprit est clair. Cette fois, je suis prêt à en découdre, à abattre des phrases, à faire souffler le génie de la langue française. La voie est libre, je vais leur montrer l'épaisseur de ma plume. J'appuie sur la touche de raccourci téléphonique et tombe dès la première sonnerie sur Van Gogh.

— Allô.

— Van Gogh, c'est moi.

— Ne m'appelle pas comme ça.

— Désolé, c'est le saké.

— Le saké ?

— Rien. Tout va bien. Je tenais à ce que tu le saches. Tu peux être rassuré.

— Et alors ?

— Et alors, le discours est en bonne voie.

— En bonne voie ?

— Le discours avance. Van Gogh, je progresse.

— Raconte.

(Il semble légèrement incrédule.)

— J'ai démêlé un nœud.

— Un nœud ?

— J'ai fait sauter un maillon de la chaîne.

— Mais de quoi parles-tu ? Je te l'ai dit : pas de phrase, des *bullet points*, c'est tout. T'as lu le dossier ?

— Je préfère me documenter autrement. On ne va tout de même pas faire un discours de sous-préfecture.

— De sous-préfecture ?

— Le Premier ministre n'est pas sous-préfet.

— Tu délires, mon vieux ? Très franchement, je me demande si tu sais où tu vas. Tu ne veux pas plutôt trouver Alençon ?

— Le monde n'est pas un jardin d'enfants, Van Gogh. Tôt ou tard, les gens finissent par disparaître.

— Disparaître ?

(Il semble soudain inquiet, ça ne lui ressemble pas.)

— Le Premier ministre va avoir le plus beau discours du siècle. Je brûle.

— Tu brûles ? Bon, écoute, envoie-moi ce que t'as.

Il raccroche. Je pourrais tout aussi bien lui envoyer une photo de mon carnet taché de terre, n'est-ce pas ?

J'ai un peu la sensation d'être dans *Stargate*. Le cabinet du Premier ministre est un système galactique. Chacune de ses planètes correspond de près ou de loin aux portefeuilles des ministres et chaque ministère se résume par métonymie à son adresse : quai d'Orsay, rue de Grenelle, place Beauvau, Bercy… Le 57 rue de Varenne est le vaisseau-mère. Il passe d'un astre à un autre, d'une galaxie à une autre. Les planètes tournent sur elles-mêmes et autour du soleil qui, lui, ne tourne que tous les cinq, voire dix ans. Le soleil, c'est l'Élysée. Pour parvenir à écrire ce discours, je me dois d'être organisé, consciencieux, méticuleux. La technique consiste à naviguer d'une planète à l'autre et à emprunter la porte des étoiles. J'active les moteurs. La mécanique est toujours la même : je reçois une commande sur mon ordinateur, avec une date de rendu extrêmement rapprochée. Quarante-huit heures, mais plus souvent vingt-quatre ou douze heures. Parfois moins. Il arrive que le délai soit déjà dépassé quand on fait appel à moi. Je dois alors courir derrière les conseillers au « fond » qui suivent les dossiers. Quand le téléphone ne répond pas, je dévale les escaliers, je monte, je descends, je traverse les salons, je passe du 57 au 58 ou au 56. Matignon est un vaisseau à plusieurs modules. Il s'étend de l'autre côté de la rue, et même encore plus loin pour certains services du Premier ministre, à commencer par le Service d'information du gouvernement, avenue de Ségur. Je n'attends pas qu'on me réponde pour ouvrir les portes fermées. Il me faut de toute urgence les éléments qui pourraient faire évoluer la situation dans un sens ou dans l'autre. En réalité, je n'écris pas, je monte – découpage, collage, composition –, puis je transmets à Conrad d'Alençon. C'est lui, la Plume, le Maître des Mots. Jusqu'au *final cut* de Van Gogh, qui a l'œil sur tout.

J'ai pris l'habitude de rendre visite à Conrad tous les matins. Le rituel est toujours identique. Je m'assois à une grande table en verre, dos à une petite commode XVIIIe siècle signée Charles Cressent, le célèbre ébéniste du style Régence, mort en 1768 – un faux, la signature est apocryphe. Un décor de bronze y a été apposé un siècle plus tard. On y voit une scène de cirque avec des singes savants. Au milieu du meuble, un macaque funambule marche sur la corde raide, un cerceau dans chaque main, sous un petit chapiteau. Deux autres singes le regardent et l'accompagnent en jouant l'un du tambour, l'autre du violon. Après tout, c'est aussi un des traits du pouvoir : le plus grand sérieux côtoie la bouffonnerie la plus totale. L'humour est l'une des meilleures armures.

Il est arrivé à Conrad, malgré l'heure matinale, de nous servir un verre de Haut-Brion ou une coupelle de saké. Il me parlait de sa passion pour les cathédrales, les chasubles, les *rites*. Il se délecte des enterrements, à condition qu'ils soient en grande pompe. Commandeur de l'ordre de Saint-Grégoire-le-Grand, il obtient toujours une bonne place à la basilique Saint-Pierre. Sa réputation est une dentelle – il brouille les pistes, trompe ses ennemis, désarme les méchants. Ce samouraï en chaussettes rouges Gammarelli est passé maître dans l'art de la fugue.

Dès le premier jour, il m'avait livré son secret :

— Je n'en suis pas à mon premier palais. Le pouvoir ne m'intéresse que parce qu'il habite l'histoire. Il est un locataire à bail précaire. Je n'envisagerais pas une demi-seconde de travailler, même au poste le plus prestigieux, dans un de ces horribles bâtiments en béton et en verre. Je choisis mes lieux de travail en fonction de leur potentiel nocturne. Combien de temps veux-tu rester ici ?

— Le plus longtemps possible.

— Quelle erreur. Ne perds pas ton temps… Ils se méfient de tout… Tu n'obtiendras rien…

Au fond du tiroir, je retrouve de vieilles ébauches de discours préparées pour Conrad : contrat de relance et de transition écologique, ouverture d'un nouveau service à l'hôpital, places de prison supplémentaires. L'un d'eux pourrait m'être utile : coopération État-territoires en matière de sécurité. Après tout, je n'ai qu'à faire du copier-coller. J'attrape le dossier confidentiel, avale une longue gorgée de saké, ouvre un fichier Word et tape, de plus en plus rapidement, sur les touches graisseuses de mon clavier Logitech. Tout le dossier y passe. Il se transforme en mots, en phrases, en syntaxe, en grammaire. Finis les *bullet points* : je déroule l'écheveau.

23:55

Ne me reste plus qu'à mettre la main sur Conrad. Son fixe est débranché ; j'essaye son portable personnel, dont il a jalousement gardé le numéro. Il décroche dès la première sonnerie, légèrement essoufflé. En fond sonore, j'ai l'impression d'entendre des rugissements de bêtes sauvages.

— Conrad, où es-tu ?

— Et toi, où es-tu ?

— Il faut que tu m'aides. J'ai commencé à écrire, mais je bloque.

— Envoie-moi ce que tu as.

— C'est déjà fait. Tu es dans un zoo ?

— C'est plus compliqué que ça… Les politiques sont de grands fauves.

Mais où est-il ? En Sologne ? À Vincennes ?

Conrad continue, la voix plus posée :

— Avec modifications apparentes pour que je m'y retrouve.

— Bien sûr. Sur ton mail pro.

— Parfait. Laisse-moi le temps d'y jeter un coup d'œil.

— Les éléments surlignés en jaune doivent être arbitrés, mais ils sont importants.

— Tu as combien de pages ?

— Beaucoup trop…

— Je ne peux pas livrer un kouglof pour des migrants !

— Tout n'est pas essentiel. Je regarde, moi aussi, où trancher.

— N'y touche plus. Tu as farci le poulet. Je vais faire un premier dégraissage.

Je suis dans mon rôle de scribe modeste et voluptueusement inutile, au calme dans mon fond de couloir, la télévision allumée. Les images sont magnifiques. Filmés par des drones, on voit des visages de migrants tendus par l'effort. Des associations sont sur place. Des jeunes gens avec des sacs à dos et des barbes de trois jours. Gros plan sur une banderole « Stop les frontières » qui m'impressionne par sa qualité graphique. Conrad me rappelle au bout de quelques minutes. Apparemment, qu'il soit au zoo de Vincennes ou dans une réserve naturelle berrichonne, il n'a rien perdu de sa spectaculaire efficacité, qui fait de lui un objet de convoitise depuis cinq quinquennats :

— Il faut tout recommencer. Ton discours est plat. Il colle au réel. Il colle. Il est visqueux tellement il colle.

Il raccroche. Je m'effondre. À ma gauche, face aux deux grandes fenêtres avec vue plongeante sur la cour d'honneur, cet énorme portrait en gros plan d'Alain Robbe-Grillet par Jean-Paul Chambas, peintre spécialisé dans les décors de théâtre et d'opéra, me toise. Robbe-Grillet, avec ses poils noirs et son regard torturé, paraît de plus en plus en colère. Inutilement agressif, armé d'un livre des éditions de Minuit aux allures de couteau. Un regard d'acier posé sur ma lente décomposition. Il vampirise mon inspiration. Il faut l'éradiquer.

Dans un sursaut de lucidité, j'appelle, sur son portable, la responsable du mobilier et des œuvres d'art en dépôt. Elle seule a le pouvoir de décrocher ce tableau qui occupe presque tout l'espace de mon bureau. On le voit même depuis la cour, quand la nuit est tombée et que les lumières sont allumées. Alain Robbe-Grillet me scrute en permanence, sans jamais cligner de l'œil. J'ai l'impression de l'entendre me reprocher d'être là, me susurrer d'un ton excédé : « Le seul engagement possible pour l'écrivain, c'est la littérature. »

— J'ai un problème.

La responsable était sûrement endormie, ou peut-être regardait-elle une série Z inavouable, un documentaire sur l'histoire oubliée des femmes au foyer ou le journal de la nuit sur BFM.

— Que se passe-t-il ?

— J'ai un problème.

— Pardonnez-moi ? (Elle semble paniquée.)

— C'est Robbe-Grillet.

— Robbe-Grillet ?

— Le tableau. Le tableau dans mon bureau. Il faut l'enlever, le remplacer. Il est fixé au mur. Je n'arrive pas à le décrocher. Je n'en peux plus.

— Le tableau ?

— Oui, le tableau ! Il faut l'enlever de toute urgence. Impossible de travailler dans ces conditions.

— Monsieur, il est minuit.

— Et ?

— Je ne peux pas décrocher votre tableau à minuit. Je dois consulter l'inventaire du Mobilier national, vérifier l'état de conservation, reporter mes commentaires.

— Au diable l'inventaire !

— J'enverrai quelqu'un demain évaluer la situation. Vous devriez vous reposer.

— Je ne peux pas. Demain, il sera trop tard. Je vous en supplie : virez-moi Robbe-Grillet !

Cette conservatrice en chef du patrimoine est professionnelle, efficace, à l'écoute. Mais elle ne viendra pas cette nuit. Je suis piégé. Robbe-Grillet me déteste. Je le sens. Quand j'essaye de rappeler Conrad, il ne répond plus. Je suis seul, à nouveau seul, abandonné de tous, entre les migrants funambules et le délétère et toxique Alain Robbe-Grillet. C'est alors que je reçois un SMS de ma mère. Elle me demande de la rappeler « quand je peux ». Là, en pleine nuit, alors que j'ai un discours à écrire ? Je mets mon téléphone en mode avion.

0:11

On ne dira jamais assez à quel point il est mauvais pour la santé mentale de rester assis, les yeux fixés sur un écran, pendant quinze heures, ou plus, et de ne se lever que pour aller aux toilettes, au bout du couloir. D'énormes cernes autour de petits yeux jaunâtres et craintifs. Des poils blancs et des idées noires qui sortent de mes narines, de mes oreilles, de partout. Des espèces de boursouflures rosâtres aux coudes et aux poignets, sans parler d'une aiguille invisible plantée dans mon cerveau, ni du fibrome plantaire qui mène à la nécrose, voire à la névrose. Je vais mal, très mal, de plus en plus mal.

Au début du processus, j'avais consulté le médecin militaire du Premier ministre. Son cabinet se cache dans les combles. Pour y accéder, il faut grimper un escalier pentu, aux marches recouvertes d'une moquette rouge élimée par des générations de conseillers maladifs, et passer sous d'énormes poutres de chêne verni trop basses pour être utiles aux cas les plus désespérés. Après m'avoir fait passer les tests de routine et plaisanté sur ma constitution de « criquet », il m'avait conseillé deux choses : troquer mes souliers vernis contre des baskets élastiques pour que mes pieds se reposent ; mettre mon bras droit en écharpe, avec des compresses d'alcool à 70 %, puis une pommade spéciale censée guérir l'infection. Tandis que certains se parfument avec Terre d'Hermès, j'en suis réduit à Acide fusidique, par Biogaran.

Le docteur était sympathique, mais je n'allais pas mieux. Du tiroir de mon bureau – devenu un vrai dépotoir –, je tire un prospectus A5 avec de l'encre qui laisse des traces sur les doigts, distribué à la sortie du métro Sèvres-Babylone : « Monsieur Bobo. Excellent Marabout. Guérisseur, Voyant et Moraliste. La compétence des travaux occultes grâce à un don transmis par ses ancêtres du royaume de Dahomey. Pas de problème sans solution. Pas de blasphème sans ablation. » Il n'est jamais trop tard pour appeler un marabout.

Sous-plume désespérée, *Desperate Ghost Writer*, je tente le tout pour le tout. Mon sauveur peut être là dans une vingtaine de minutes. J'aurais bêtement pensé qu'il habitait un immeuble porte de la Chapelle ou un pavillon en Seine-Saint-Denis, mais il m'explique qu'il réside aux Invalides, sur la prestigieuse avenue Élisée-Reclus (17 000 € le m^2), en sous-sol (moins cher). Pour 10 €, il se déplace dans tout Paris, zones 1 et 2 de la carte Navigo. Et, en effet, quinze minutes après mon coup de fil, mon téléphone sonne : le garde de garde m'annonce un visiteur. Sa voix ne trahit aucune sorte de jugement :

— Souhaitez-vous venir chercher monsieur Bobo au poste de sécurité, ou bien préférez-vous que nous le conduisions jusqu'à vous ?

Par souci de discrétion, j'oriente le garde vers la deuxième option. Le temps pour moi de me passer un coup de peigne, un grand monsieur d'une soixantaine d'années, en longue tunique blanche et sandales, se tient à l'entrée du bureau 169. À peine la porte refermée derrière lui, monsieur Bobo m'ordonne de m'allonger à même le sol pendant qu'il allume des bâtons de sauge. Après avoir scanné tout mon corps au pendule pour établir ma carte énergétique, le mage conclut :

— Votre corps irradie d'ondes négatives. Vous êtes presque à l'extrémité du spectre énergétique. Vous êtes au-delà du cancer. Vous êtes contaminé par la mort elle-même. En fait – ne vous inquiétez pas car je vais intervenir – si je vous laisse comme ça, vous mourrez par autocombustion !

Je ne suis pas dupe de ce diagnostic, mais si je mourrais par autocombustion à Matignon, comment écrire le discours ? De plus, ne serait-il pas plus flamboyant de mourir immolé à l'Élysée ? Pendant quelques secondes, je me rêve enflammé, héros de la nation, sur un bûcher de discours.

Soudain, monsieur Bobo aperçoit les migrants à la télévision. Ses yeux vont de BFM à moi.

— Que font ces gens sur des éoliennes ?

Je me demande subitement d'où il vient. Guinée ? Mali ? Quel est son vrai nom ? Où vit sa famille ? Restée là-bas ? Perdue en route ? Noyée dans la Méditerranée ? Échouée en plein désert ? Bloquée dans un hotspot Frontex ? Je lui propose un peu de saké, que je verse dans ma tasse *House of Cards*. Monsieur Bobo le boit cul sec sans accorder la moindre attention à l'effigie de Kevin Spacey floquée d'une tirade de la série « *We make the terror* » et m'en réclame un autre, puis me passe la facture – 50 € + 10 € (supplément nuit) + 150 € (supplément urgence de dernière minute) + charges sociales 15 %. Total de 241,50 €, payable immédiatement. Il ajoute 7,50 € pour une amulette d'ivoire en forme de tortue, enrobée dans du Sopalin, sort un terminal SumUp sur lequel je dépose ma carte bancaire, puis me demande si je souhaite le reçu. Toujours une légère douleur au pied, mais c'est déjà plus supportable. En revanche, le mal a migré vers le crâne. Un marabout n'éradique rien : il fait passer la souffrance d'un point à un autre, d'un être à un autre.

— Vous ne devez pas écrire sur l'ordinateur. Mauvaises ondes, la lumière bleue absorbe votre corps astral.

Soudain très technique : « Et la tension au niveau de vos vertèbres C5-C6 risque d'évoluer en discopathie. »

L'alcool japonais produit son effet. Monsieur Bobo ne doit pas en boire tous les jours. Il est désormais debout, les yeux injectés de saké fixés sur la télévision. Le journaliste s'agite. La caméra s'affole. Un homme d'une trentaine d'années portant un anorak jaune (son gilet de sauvetage ?) glisse du toit de la cabine, il se rattrape *in extremis* à une échelle de secours et se débat contre la mort, à moitié suspendu dans le vide. Médiamétrie enregistre une soudaine inflexion de l'audimat. Les couche-tard, en fin de dîner, en sortie de cinéma, ceux du dernier verre avant d'aller au lit se sont donné le mot, les réseaux sociaux réaniment les cerveaux embrumés, les images sont reprises, deviennent virales. Des milliers d'yeux ébahis observent cet homme qui, au bout de quelques minutes, lâche les barreaux de l'échelle de secours. Son corps vacille et s'envole vers l'abysse. Saut de l'ange de 110 mètres dans la lumière des spotlights.

Un journaliste inspiré le compare au *Falling Man* des attentats du 11 septembre 2001, version Peuplingues. Plan-séquence sur la silhouette écrasée puis stupeur : après quelques secondes de rigidité cadavérique, le voilà qui esquisse de légers mouvements de mains, de jambes, il ouvre les yeux, lui-même incrédule. Le migrant inconnu se relève, un peu sonné, mais vivant. Rien de cassé. La chute aurait dû le tuer sur-le-champ, et je me demande si monsieur Bobo n'a pas déployé sa magie pour le sauver.

Je le raccompagne jusqu'au portail de Matignon. Nous traversons la cour d'honneur pavée. Pour la première fois depuis des mois, je ne boite pas. J'ai perdu ma démarche Talleyrand dont le pied bot dans sa grosse chaussure fer et cuir résonnait sur ces mêmes pavés.

— Si vous avez besoin, appelez monsieur Bobo, me glisse mon guérisseur tout en saluant le garde de nuit auquel il donne sa carte de visite.

01:03

Depuis la fenêtre de mon bureau, j'aperçois de loin une silhouette qui traverse la cour, furtive, plus rapide que je ne le serai jamais. Même dans la demi-pénombre, je la reconnais. Elle porte une robe blanche. Que fabrique Lena, la conseillère communication du Premier ministre, à cette heure-ci, en robe de mariée, ou en chemise de nuit ? Pourquoi me fait-elle penser à une fugitive ? Le Premier ministre apprécie Lena, et pourtant, il ne peut y avoir davantage d'écart entre deux personnes. Elle est belle, fluide, possède une photogénie maximale et un charme précis, mais n'en est pas consciente, ou plutôt refuse d'être réduite à une situation. Elle préfère être multiple, omniprésente, omnisciente, omnivore. Son corps, lui, est là, à l'œuvre. Il est fin, musclé, nerveux, sans pudeurs inutiles. Alors que tout le monde commence à s'affaisser, Lena va de plus en plus vite. Mon seul plaisir lors des réunions de travail en cercle rapproché est de l'observer. Je l'entends respirer, et retenir son souffle quand, soudain, tout en elle se concentre, puis se projette. Assise à la droite du Premier ministre, elle se penche vers lui et, d'un mot, modifie la décision.

Que fait-elle sous mes fenêtres ? Est-ce qu'elle m'espionne ? A-t-elle suivi monsieur Bobo ?

Je devrais m'enfuir avant qu'il ne soit trop tard, mais mon corps maraboutés sent au fond de lui du jeu, un mouvement. Derrière le porche immense du 57 rue de Varenne, la nuit s'amplifie. Elle se peuple d'idées fugitives, comme prêtes à muter, à bondir, à frapper. Je lève les yeux vers le ciel et aperçois, dans une trouée de nuages glauques, la pleine lune. C'est donc ça. Matignon se transforme en un remake de *La Nuit des morts-vivants.* Dans les films de Romero, ils ressemblent à des déclassés du tiers-monde. Le paroxysme est atteint dans *Dawn of the Dead*, sorti en 1978, mettant en scène des foules de zombies affamés, parias du monde capitaliste, à l'assaut d'un supermarché. Ce ne sont plus des monstres, ce sont des victimes, des innocents animiques, des rescapés du pire. Les zombies, comme les réfugiés, s'accrochent à nos vies. Nous avons beau détourner le regard, ils sont là.

Malgré les recommandations de monsieur Bobo, je consulte de manière compulsive les informations sur les migrants. Le moteur de recherche affiche 351 000 000 résultats en 0,33 seconde. Trente-neuf Vietnamiens meurent en 2019 dans un camion-charnier. Un Ghanéen accoste au Brésil au lieu des États-Unis après avoir passé 55 jours à lutter contre la mort sur un porte-conteneurs traversant l'Atlantique. Pour survivre, il a bu sa propre urine. Un passeur kurde iranien de 43 ans est condamné pour avoir violé trois jeunes migrants sous la menace d'une arme. L'Allemagne veut étendre ses contrôles aux postes-frontières avec la Pologne et la République tchèque. La Suisse offre le champagne à l'Office fédéral des migrations lors des vols retours après renvois forcés des sans-papiers. Le Haut-Commissariat des Nations unies pour les réfugiés tient le compte des arrivées. Lampedusa bat tous les records : jusqu'à 8 500 personnes et des centaines de bateaux en quelques jours. Les chiffres défilent. Les dirigeants politiques les commentent, les ressortent, les agitent comme des épouvantails. La palme revient bien sûr à l'extrême droite, mais celle-ci n'a pas le monopole de l'absence de cœur. Le mien s'arrête de battre. Chiffres alarmistes, images détournées, messages envoyés par des armées de trolls sur les dépotoirs sociaux. Et, soudain, à la télévision, gros plan sur un visage juvénile, souriant, coiffé d'une casquette « Sicilia » que son propriétaire retire quand il aperçoit l'objectif de la caméra fixé sur lui, à cent mètres d'altitude sur une surface ultra-glissante en plein vent glacé, et qu'il agite comme on le ferait sur le quai d'une gare ou devant un match de foot.

Il y a un trou à la fenêtre, la vitre a été percée pour laisser passer un conduit de climatiseur – mais où est le climatiseur ? C'est le trou du souffleur. Matignon est un théâtre d'ombres. J'entends une voix qui m'appelle : c'est Lena.

01:07

Elle referme la porte de mon bureau derrière elle et tourne le loquet. Lena est la conseillère numéro 1, celle dont dépendent la notoriété du Premier ministre et la clarté des actions du gouvernement, mais elle est aussi devenue une amie, et peut-être une alliée – même si le doute n'est pas levé car, en ces murs, l'amitié se distribue avec plus de prodigalité que l'entraide. Elle n'habite pas très loin du studio que je loue à Belleville, au bout d'une avenue battue par des ménagères de moins de cinquante ans originaires du nord de la Chine et forcées de se prostituer pour rembourser leur visa. Il nous est plus d'une fois arrivé de venir ensemble le matin, très tôt. Ce trajet a créé une forme de connivence, même si, à peine la voiture démarrée, elle plonge aussitôt dans son téléphone, vérifie que les rédactions ont ce qu'il faut, scanne les offres sur Vinted, swipe vers la droite ou vers la gauche à la recherche du plan week-end parfait tout en répondant aux textos de tel ou tel éditorialiste pour désamorcer les bombes. Être au courant de tout, avant tout le monde : sa survie en dépend. Lena s'informe. Et moi, je m'efface. Je ne suis qu'une notification parmi d'autres. Paris se déplie comme un fil Instagram et, de temps en temps, elle me like. En somme, de vrais amis du XXIe siècle.

Mes craintes étaient sans fondement. Lena s'est assise à la table de réunion au milieu de la pièce. Ses yeux vont d'un écran à l'autre. Télévision, portable, télévision, portable, tels des essuie-glaces trop bien réglés. Décidément, c'est une épidémie. Les migrants sont de plus en plus nombreux, malgré les tentatives de barrage des forces de l'ordre. Un nouveau point de rassemblement s'est formé à Calais, d'autres éoliennes ont été escaladées. Celles qui jouxtent la RN10 seront-elles bientôt impliquées ? Le ministre de l'Intérieur est déjà sur place, aux côtés du président du conseil régional, qui croit en une intervention divine et en son potentiel électoral. Van Gogh a prévenu la directrice de cabinet du ministre : « Aucune interaction avec la presse, c'est compris ? Je me fous du président de région. Jusqu'à nouvel ordre, le gouvernement, c'est nous ! »

Lena partage mon inquiétude. Comment va-t-elle expliquer au Premier ministre qu'il n'a pas de discours ? Même s'il n'en lit pas une ligne, pas un mot, il a besoin d'une branche, d'une bouée, d'un canot de sauvetage – on ne sait jamais.

— Comment ça se fait que tu n'arrives pas à l'écrire, ce discours ?

— Je ne sais pas. Les idées ne viennent pas. Je crois que c'est à cause de lui.

Je fais un petit signe de tête en direction de Robbe-Grillet, avec un sourire teinté de mauvaise foi. J'y ai songé, mais impossible de déménager : chaque bureau a une connexion sécurisée. Je ne peux pas prendre le risque de m'éloigner de ma ligne fixe, ou alors il faudrait que je sois sûr de pouvoir en payer le prix. Van Gogh, Conrad, le Premier ministre, ma mère doivent pouvoir me joindre à tout moment.

— Ce type, celui que tu as ramené au poste de sécurité, qui c'était ?

— Un marabout.

Elle arrête de consulter frénétiquement son téléphone, mais n'a pas l'air vraiment étonnée. Dans le monde de Lena, les marabouts obtiennent sans problème un permis de séjour, même si son psy à 200 € de l'heure désapprouve. Robbe-Grillet cligne de l'œil. Il est là où se joue la bataille. Cela doit satisfaire sa tendance au voyeurisme. Monsieur Bobo (né à Clermont-Ferrand, avait-il précisé en agitant le bâton de sauge) m'avait mis en garde : « Ce tableau, c'est de la magie noire. Un truc de sorcier. Il vous faut une amulette protectrice. » Ce portrait me ressemble de plus en plus à mesure que la nuit avance, avec cette balafre sanguinolente qui le défigure, et ce livre qu'il tient, tranchant comme un sésame. Monsieur Bobo m'avait fourni la tortue en ivoire, et un bout de papier sur lequel il avait écrit Dieu sait quoi. Lena s'empare du petit animal posé au centre de la table ronde en bois aggloméré, et le fait jouer dans sa main, paume tournée vers le ciel.

— Avec ça, nous sommes tranquilles !

Elle éclate de rire.

Au chapitre 24 du *Zhuangzi*, qui détaille les principes du sage taoïste idéal, un prince voit en rêve un homme aux cheveux épars, qui prétend avoir été *pêché*. À son réveil, le prince commande que l'on interprète son songe. On lui répond : « L'être qui vous est apparu est une tortue sacrée. » En effet, dès le lendemain, le pêcheur du rêve est convoqué à la cour. Il a trouvé dans son filet une tortue blanche. Cette dernière est tuée et sa carapace, utilisée pour la divination, selon l'antique méthode. La conclusion est la suivante : « Quelque chose fait barrage à l'intelligence, et même pour un Esprit, certaines choses sont hors d'atteinte. »

Quand j'en aurai terminé avec ce discours, je déposerai le petit ovipare au pied de mon bambou.

Comme si elle avait lu dans mes pensées, Lena me demande :

— Qu'est-ce que tu vas faire, après ?

— Après ?

— Oui, après.

— Je flamberai tout ce qu'il me reste au casino de Cabourg.

Le paradoxe de la politique est de bâtir un avenir, et d'élever un mur entre cet avenir et nous. La politique, c'est le couvreur qui fait tomber son échelle.

01:30

Décidée à sortir le discours de l'ornière, Lena s'est installée sur le canapé d'angle de mon bureau et dispose des cartes de tarot devant elle, sur un foulard aux motifs Wax qu'elle a étalé comme un napperon sur la table basse en résine et sel de mer Roxane Lahidji. Elle pose d'abord une carte, puis deux, trois, quatre et la cinquième au centre de la croix. Elle a éteint le plafonnier. Mon bureau se transforme en roulotte de Madame Soleil. Lena a des origines asiatiques et chiliennes. Son regard noir luit dans la demi obscurité. Cette gitane cosmopolite hyperconnectée connaît tout et tout le monde, navigue en pleine liberté sur les eaux les plus troubles, et manie des sommes d'argent considérables. Elle est tantôt violemment agressive, tantôt légèrement séductrice. Elle s'amuse de tout ou presque, mais quand il lui faut être efficace, je ne connais personne de plus concentrée, de plus intense. Le tirage du tarot de Marseille ne déroge pas à la règle.

Elle retourne la première carte. Je vois apparaître un douze en chiffres romains. Un jeune homme est dessiné dans une position très énigmatique, jambes croisées comme l'entrechat d'un danseur, mains derrière le dos qui dérobent quelque chose à notre vue. Il attend d'être cueilli, il médite, à l'écart du monde des humains. Il a enfin compris que l'action est parfois inutile, que le choix ne nous appartient pas. Ce personnage est prêt à éclore, mais, pour cela, il lui a fallu se pendre à des arbres dont les branches ont été coupées et qui saignent. Lena, sur le ton du secret, ou de la révélation, dit à voix basse : « Sa chute est une ascension. »

Par sa mère, Lena est la petite-cousine issue de germains d'Alejandro Jodorowsky. Il lui a enseigné le tarot, qu'il avait découvert lors de son enfance entre l'océan Pacifique et les plateaux montagneux du désert de Tarapacá. Jeune adolescent à Santiago, sous le regard hautain de la cordillère des Andes, Alejandro fréquente le Café Iris, du nom de la messagère des dieux, qui unit le ciel et la terre, Hermès au féminin. Après de longues nuits de poésie et d'alcool, ses amis et lui-même s'invitent chez une vieille Française excentrique du nom de Marie Lefèvre. Elle leur sert de la soupe d'herbes sauvages et tire un tarot qu'elle a dessiné elle-même sur le torse nu de son très jeune amant.

En 1953, quand Alejandro arrive à Paris, il travaille pour le mime Marceau. Au gré de ses tournées, il collectionne les jeux : l'alchimiste, le rosicrucien, le cabalistique, le gitan, l'égyptien, l'astrologique, le mythologique, le maçonnique, l'érotique… Pour en approfondir la lecture, il suit à la Sorbonne les cours de Gaston Bachelard, auteur de *L'Eau et les Rêves*, et rejoint le mouvement surréaliste. Il devient un habitué de La Promenade de Vénus où André Breton tient séance. Ce dernier affirme : « Le seul tarot valable est celui de Marseille. Ses cartes intriguent, elles émeuvent, mais jamais elles ne livrent leur secret intrinsèque. » Il s'était inspiré de l'une d'elles pour écrire *Arcane 17.* Au gré d'allers-retours incessants entre l'Amérique latine et Paris, les cartes ne quittent plus Jodorowsky. Il finit par consigner son approche dans *La Voie du tarot*, écrit avec une psychomagicienne rencontrée lors d'une de ses séances de divination au café Saint-Fiacre, un mercredi, vers 18h. C'est là, au 32 de l'avenue Daumesnil, dans le XIIe arrondissement, que Lena avait été initiée, avec son grand-oncle entouré de sa cour, tout en suivant une formation en communication politique et sociale à la Sorbonne.

Elle me sourit, comme si rien du hasard ne lui était étranger.

— Le Pendu est catégorique : tu dois inverser tes perspectives. Cesse de regarder à l'endroit. Il faut mettre la tête en bas pour voir le monde différemment.

— Je dois me pendre ? Me suspendre ?

— Non. Tu dois remonter du puits vers ta vérité essentielle.

Elle retourne les autres cartes. Tout se mélange. Je distingue une jeune femme dénudée, agenouillée au bord d'une rivière ; un diable cornu qui tient en laisse deux enfants nus avec des oreilles et une queue d'animal ; une tour-phallus dont le sommeil est balayé par une… plume ! Un oiseau de feu, et deux jeunes garçons (les diablotins rhabillés ?) en chute libre.

— La Maison-Dieu, m'explique Lena, très sérieuse. Une des plus belles surprises du tarot. Elle montre qu'il faut laisser sortir ce qui est enfermé. Les personnes ne tombent pas. Comme le Pendu, elles changent simplement de perspective.

— La dernière carte, tu ne la retournes pas ?

— La plus importante. La synthèse. Le bilan. Le coup de grâce.

— Et ?

Son regard s'allume.

— Tu n'es pas encore prêt.

Lena se fige, soudain hypnotisée par Robbe-Grillet. Puis, sans un mot et sans un regard, elle s'en va. J'ignore si ses talents de mise en scène lui ont été enseignés par tonton Jodo ou par ses professeurs en communication politique. Éclairé par l'occulte, j'inscris dans mon carnet :

VOIR L'ENVERS DES CHOSES.

01:42

De nouveau seul, j'ai quelques *bullet points*, mais toujours pas de discours. Dieu merci, j'ai subtilisé à Lena son jeu de tarot, alors qu'elle était plongée en pleine contemplation de Robbe-Grillet. Sur ce coup-là, je lui dois une fière chandelle. Une vraie association de malfaiteurs au cœur du pouvoir. Je ferais mieux de mettre un peu d'ordre dans mon cercueil en carton, mais avant ça, je fais un sort au magnum de saké. Conrad ne s'est pas moqué de moi : grand cru d'Hiroshima de la maison Miyaké Honten, fondée en 1856. Il m'a assuré que l'eau de source n'avait pas subi les radiations de la bombe, mais j'en doute. Cela ne m'empêche pas de terminer la bouteille en quelques longues gorgées. Au point où j'en suis.

Au sommet de mon carton, un compteur Geiger, acheté 60 € sur Amazon et livré le jour même. Je le sors de sa boîte et le mets en route. Bouteille de saké : radioactivité, 20 mSV (j'avais raison). Portrait du président de la République : 0 mSV. Irréprochable. Robbe-Grillet : l'aiguille bondit à 80 ! Je jette le compteur Geiger et l'écrase d'un coup de talon. Aucun besoin de vivre dans la peur. En remettant la carcasse dans mon carton, j'en extirpe, pour me calmer, les quelques livres qui m'ont accompagné ici. Avec une tendre nostalgie, je les étale devant moi, comme un jeu de tarot :

— *Discours parfait* de Philippe Sollers ;
— *Écrivains anticonformistes du Moyen Âge occitan. Hérétiques et politiques*, anthologie bilingue ;
— *Souvenirs d'un pas grand-chose* de Charles Bukowski (j'écris le tome II : *Discours d'un moins-que-rien*) ;
— *Propos sur la peinture du moine Citrouille-Amère* de Shitao ;
— *La Diplomatie n'est pas un dîner de gala* de Claude Martin ;
— *Voir Malte et mourir*, série SAS de Gérard de Villiers (le mauvais goût est parfois prémonitoire…) ;
— *Le Dao de jing* de Lao zi ;
— *L'Interprétation sociologique des rêves* de Bernard Lahire.

Enfin, longtemps caché dans mon tiroir sous des paquets de cartes de visite non utilisées, un *Petit livre rouge*. Où l'on peut lire : « Il n'y a rien dans la nature qui n'ait une nature duale, c'est la loi d'union des contraires. »

Ce n'est sans doute pas la première fois de l'histoire que le *Petit livre rouge* est lu à Matignon. Malraux en avait un dans sa bibliothèque, bien sûr. Je l'imagine amener ce volume lors de ses réunions avec les Premiers ministres successifs. En 1965, il rencontre Mao, et lui demande comment il est parvenu à mobiliser les masses rurales : « C'est très simple. Nous avons mangé la même nourriture que les paysans et porté les mêmes vêtements. »

Je constate que le *Petit livre rouge* n'est pas encore totalement maudit, à en juger par ce jeu de dominos invisibles. Je me sens donc légitime à le feuilleter, à la recherche d'un mot, d'une ligne, d'un slogan qui lancerait mon discours. Il y a l'embarras du choix.

« Les matérialistes conséquents sont des hommes sans peur. »

« La révolution n'est pas un dîner de gala. »

« Plus il y a de gens, plus il y a d'idées, d'ardeur et d'énergie. »

Je les recopie dans mon carnet d'une écriture appliquée d'élève en camp de rééducation par le travail.

Puis, je saisis *Écrivains anticonformistes du Moyen Âge occitan. Hérétiques et politiques*, et glisse ce livre acheté chez un bouquiniste des quais dans une grande enveloppe de papier kraft à l'attention du Premier ministre. J'irai le lui porter moi-même. Ce sera mon offrande, mon tribut, un cadeau digne de Nau l'Olonnais, mon ancêtre hérétique, agrégé en anticonformisme. J'essaye de rester indifférent au regard furieux d'Alain Robbe-Grillet qui marmonne des phrases aussi incompréhensibles que : « Les discours sont ce qu'ils sont, ils ne changent rien à la réalité ». Ou encore : « L'esprit échappe à la succession des heures et des jours ; il crée lui-même son propre temps et aussi sa liberté. » C'est la première fois que j'assiste à ce phénomène digne d'un manoir hanté : un portrait qui parle. Je reprends la lecture du *Petit livre rouge*.

5 janvier 1950 : « Une étincelle peut mettre le feu à la plaine. »

L'ouvrage sous le bras, je sors de mon bureau avec entrain, direction celui du Premier ministre.

01:59

Chaque marche compte, de ce grand escalier qui relie les salons d'apparat du rez-de-chaussée à l'étage où travaillent le Premier ministre et son équipe rapprochée. Leur taille évolue à la mesure de ce qui vous attend là-haut. Au beau milieu de la nuit, elles me paraissent plus élevées que le mur d'enceinte de la Cité interdite. Je les escalade, l'une après l'autre, en serrant les dents et l'enveloppe kraft contre moi. La douleur est revenue, comme une poussée de fièvre inattendue. J'ai de nouveau mal partout, au pied, au dos, au crâne. Monsieur Bobo serait-il un charlatan ?

L'escalier s'enroule autour d'une lanterne en bronze doré, de style Empire. Encore un transfuge entre les deux centres nerveux de la République, à la manière des nombreux conseillers partagés qui font chaque jour la navette d'une rive à l'autre de Paris. Matignon et l'Élysée sont ainsi reliés par d'habiles canotiers.

Cadeau de Louis XV à la Pompadour, puis palais du prince Joachim Murat, beau-frère de Napoléon Ier, l'Élysée paraît pourtant si loin, par-delà le fleuve. Cette lanterne date de l'époque Murat, avant que le prince devienne roi de Naples sous le nom de Joachim Napoléon Ier. La lanterne reste en place, puis, en 1935, quand la présidence du Conseil emménage, elle est installée ici.

L'accès est gardé par un homme aux yeux très bleus, en uniforme croisé du 2e régiment d'infanterie de la Garde républicaine, la seule force militaire habilitée à pénétrer dans les enceintes parlementaires. Je lui demande s'il est vraiment armé. Il entrouvre alors sa veste et exhibe un Glock 9 mm semi-automatique chargé. Certains de ses compagnons ont la qualification de tireur d'élite. Ce corps militaire est l'axe de confiance. « La garde meurt, mais ne se rend pas », telle est la devise de cette lointaine héritière du Guet royal créé par Saint Louis au XIIIe siècle pour protéger Paris. Les Gardes républicains sont capables non seulement de tirer avec une précision absolue, mais aussi de maîtriser à mains nues tout individu menaçant. Difficile d'imaginer de tels talents quand on les voit en grande tenue de service, le même uniforme depuis plus d'un siècle, avec leurs bottines ferrées qui résonnent sur les marbres intérieurs et les pavés de la cour d'honneur. Quatre-vingt-dix soldats élégants, par roulements, jour et nuit. Tandis que je suis à la peine, gravissant chaque marche en soufflant comme un bœuf hindou, le garde me surveille. Suis-je une menace ? Ne serais-je pas plutôt atteint d'un accès inquiétant de paranoïa ?

L'escalier est une vis sans fin. L'hôtel de Matignon est un peu la synthèse du cinéma de Kubrick. *Barry Lyndon*, avec ses ors et velours à la lumière des bougies. *Eyes Wide Shut*, avec son atmosphère asphyxiée. *Orange mécanique*, avec sa violence rythmée par les symphonies de Beethoven. La sérénité fait illusion, mais les combats qui sont menés ici sont dignes de *Full Metal Jacket*, que l'on soit en pleine cohabitation, comme cela arriva par trois fois sous la Vᵉ République, avec un casting de film gore : Mitterrand-Chirac, Mitterrand-Balladur, Chirac-Jospin – ou au temps des crises mondiales qui surgissent à intervalles réguliers pour rappeler à l'espèce humaine qu'il lui faut rester humble. Depuis que cet hôtel particulier du triangle des Bermudes entre les Invalides, la Seine et Saint-Germain-des-Prés est devenu un lieu de pouvoir, pas une journée ne commence sans l'inventaire des difficultés et des risques à venir. La politique consiste ici à regarder la Méduse droit dans les yeux. Mais c'est encore aux interminables couloirs de l'Overlook Hotel de *Shining* que cet escalier fait le plus penser. Les murs ont la même teinte brune et orangée que la moquette sur laquelle glisse le tricycle de l'intrépide Danny. Cent dix chambres, autant de cauchemars possibles. Je n'ai jamais su éteindre la flammèche d'angoisse qui s'allume en moi quand je gravis ses contremarches qui produisent un pas particulier, une sorte de randonnée ascensionnelle, comme dans un temple japonais sous une pluie de printemps avec ses escaliers couverts de mousse. En antidote au cauchemar, je me récite un poème de Li Bai :

Ne soyez pas étonné que j'abandonne ce monde de pureté ;
Au sage pouvoir, j'ai promis d'offrir ma plume et mon épée.

J'arrive enfin au premier palier, où se tient une sentinelle silencieuse. J'en profite pour reprendre mon souffle. Pendant longtemps, on a cru que cette grande torchère datait du XIXᵉ siècle, mais la conservatrice en chef du patrimoine – la même qui a refusé de décrocher mon portrait de Robbe-Grillet sous le prétexte fallacieux qu'il était minuit passé – a fini par découvrir des fleurs de lys sur les écussons, cachées par les repeints successifs. Ce curieux objet dépourvu d'utilité observe en silence le va-et-vient des collaborateurs du Premier ministre. Il voit passer, jour après jour, des dizaines de conseillers, tous plus experts les uns que les autres en leur discipline, parfois très jeunes, d'autres plus expérimentés, tous conscients que chaque marche de cet escalier déterminera non seulement l'avenir du pays, mais leur destinée personnelle. Elle les voit essoufflés, fatigués, courbés, déprimés ou bien tout l'inverse, volant, survolant, déroulant, se projetant. Cette torchère éclairait le catafalque dressé pour les funérailles de Louis XIV, en septembre 1715.

Cette nuit, pour la première fois, je marque l'arrêt devant ce témoin direct de la mort du roi et de tous les pouvoirs depuis 1935. Je pose ma main sur elle, comme les dévots qui caressent le ventre de Bouddha ou les étudiants, le soulier de bronze de Montaigne en face de la Sorbonne. Je frotte cette lampe merveilleuse, je m'efforce de la faire briller dans l'espoir qu'en sorte un génie.

Faute de génie, je me refais le film de la IVe République. Il me semble apercevoir Pierre-Étienne Flandin en haut de l'escalier, en compagnie de sa coquette épouse en manteau de guépard, coiffée d'une voilette de tulle à la mode des années 1930. Je suis en pleine réalité virtuelle.

C'est grâce à l'impatience du président Flandin que le Conseil s'installe ici. Il voulait à tout prix accueillir, en mai 1935, le comte Ciano à l'occasion d'une grande exposition d'art italien. Ce commis de l'État inaugurait le Matignon républicain en invitant l'époux d'Edda

Mussolini, la fille du Duce. Ciano finira par s'opposer au père de son épouse et sera fusillé le 11 janvier 1944. Le cinémascope continue. Quatre silhouettes sont assises sur une chaise, dos au peloton. L'une d'elles essaye de se retourner, et reçoit deux balles. Puis, deux hommes en soutane noire passent et font le signe de la croix sur le front des cadavres.

Le peuple des morts par sa faute militaire l'étranglerait aussitôt.

C'est donc pour le gendre de Mussolini qu'est passée à la manufacture de Sèvres la commande d'un service de table, d'un service à café et d'un service à thé pour cinquante personnes. C'est toujours pour lui qu'une équipe de jardiniers est dépêchée par les Beaux-Arts pour remettre le parc en état. Entre janvier et avril 1935, un mur de sept mètres de hauteur est érigé autour du jardin. En revanche, ce n'est qu'en 1939 que le Mobilier national et les réserves du palais de Fontainebleau et du château de Compiègne viennent meubler Matignon. Flandin aura du mal à partir. Il demeure rue de Varenne après avoir quitté les fonctions de président du Conseil, en juin 1935. En 1938, il approuve les accords de Munich (il aurait même passé un coup de fil à Hitler pour le féliciter) et en 1940, il devient vice-président du Conseil et ministre des Affaires étrangères du régime de Vichy. Pierre Laval, quand il monte de Vichy à Paris, reçoit les représentants des autorités allemandes à Matignon. Il installe son bureau dans le salon jaune. Et c'est exactement ici que se tient, le 17 août 1944, un déjeuner organisé par Pierre Laval et Otto Abetz, ambassadeur de l'Allemagne nazie en France. Le soir même, c'est la fuite, plus ou moins forcée, pour Sigmaringen.

Louis-Ferdinand Céline aurait sans doute pu s'inviter dans le Matignon de Laval. Cet auteur de *long-sellers* fut du voyage et décrit une ville maudite au-dessus du Danube où s'est réfugiée la France moisie, sous ce titre où l'administratif tente de masquer l'immondice : « Commission gouvernementale française pour la défense des intérêts nationaux ». « Pas seulement ville d'eau et tourisme… Formidablement historique !… Haut-lieu !… mordez Château !… stuc, bricolage, déginganderie tous les styles, tourelles, cheminées, gargouilles… pas à croire !… super-Hollywood !… » Et si Laval avait fait de Matignon le premier château du chef-d'œuvre de Céline ? Au loin, une horloge sonne deux coups de cristal.

Sur mon carnet :

CE N'EST PAS DU CINÉMA.

02:02

La raréfaction de l'oxygène m'oblige à m'asseoir une seconde sur les marches de l'escalier d'honneur, puis, une à une, à les redescendre. Je longe des murs flottants et trouve refuge dans le salon jaune, en rez-de-jardin. Le jaune est une couleur qui éclaircit les idées, réputée en chromothérapie pour ses qualités de stimulation lymphatique. Les murs de cette ancienne chambre de parade des princesses de Monaco sont tapissés d'une soie solaire, même en pleine nuit. Y flotte encore la fumée des double corona du vieux Churchill. De grands entrelacs psychédéliques se déploient sur le plafond. Je panique à l'idée de retourner dans mon bureau, de me retrouver nez à nez avec Robbe-Grillet.

La malédiction Matignon se replie sur moi. Je tombe à genoux et m'évente avec l'enveloppe kraft, oubliant toute idée de la remettre au Premier ministre. Mon seul souci est de ne pas disparaître. Je suis de plus en plus seul dans un Matignon gagné par les ombres. Je ferais bien de rappeler ma mère, mais à cette heure-là, la sonnerie du téléphone va la terroriser.

J'espérais que le salon jaune fasse surgir une idée, une demie-idée, une sous-idée, une amorce pour le discours, une fulgurance mythologique. Je me contenterais même d'une miette, mais tout est figé, emprisonné sous la cendre, comme Pompéi au lendemain de l'éruption du Vésuve.

« Être la plume du Premier ministre de la Ve n'est plus une fonction, mais une fiction », écrivait, à peu de choses près, Jean-François Revel. Les migrants ne sont pas une fiction, eux. Ils sont un pan du réel que personne ne veut regarder, comme ce campement de réfugiés syriens proche de la gare de Munich qui est déplacé en dehors de la ville en prévision de la Fête de la Bière pour éviter un « choc interculturel », selon les arguments de la municipalité, ou encore cet ancien professeur de français à Alep, contraint de « choisir » l'un de ses enfants avant de rejoindre la Suède, car le périple aurait été trop difficile avec les trois.

Mon encéphalogramme étant aussi plat que le pays calaisien, ma dernière chance est de faire tourner les tables, de convoquer les fantômes – Léon Blum, Mendès France, Bérégovoy. Ils sont nombreux à hanter le salon jaune. Peut-être que l'un d'eux m'inspirera. J'envie la plume du chef de l'État, moine bénédictin hirsute arc-bouté sur son bureau bancal, écrivant avec un stylo Bic au bouchon mâché et remâché : « Nous sommes en guerre. L'ennemi est là, invisible, insaisissable, qui progresse. » Avec des punchlines pareilles, on ne doit pas l'embêter trop souvent. « L'ennemi est là », on le voit, il s'approche, non, mieux : il progresse. Un coup de force digne de Radio Londres. Mais je ne vais tout de même pas parler d'ennemis pour des familles entassées sur des canots pneumatiques ou sous des châssis de poids lourds ? Les migrants sont des victimes collatérales de la guerre, ils ne sont pas la guerre. Un ancien professeur de français qui doit choisir lequel de ses enfants sauver n'est pas un soldat. Il est un innocent sans sommeil ni papiers considéré comme un criminel au seul motif qu'il ne veut pas mourir.

02:22

Réfugié dans mon bureau, prenant garde de ne pas croiser le regard de Robbe-Grillet (ni celui du président), j'exhume de mon carton de déménagement pas encore scotché un flacon d'erguotou, probablement l'alcool le plus infect que la Terre ait enfanté. Marque : Red Star. Provenance : Pékin. À l'odeur, du white-spirit donne plus envie. J'en prends une gorgée, puis deux. Pas si mauvais, en fin de compte… Une troisième. Je décroche le téléphone, hésite et puis, après tout, aux grands maux les grands remèdes : faute d'appeler ma mère, j'appelle Philippe Sollers. Pourquoi lui ? Parce qu'il a écrit ce livre, *Discours parfait*, et que c'est exactement ce qu'il me faut : un discours parfait. Ce n'est pas la première fois qu'il vient à mon secours. Il décroche à la troisième sonnerie et, malgré une voix caverneuse, semble presque content de m'entendre. D'une bonne humeur ravageuse.

— Sollers, j'écoute.

Je lui résume la situation. Les migrants. Les éoliennes. Le discours. Il attaque direct :

— La France moisie est de retour.

— Vous parlez des migrants ?

— Non, je parle de vous !

Et il part d'un grand éclat de rire. C'est un insomniaque. Il passe la nuit devant la télévision, à boire du bordeaux.

— On ne devrait jamais commencer une conversation avec quelqu'un sans lui demander s'il souffre.

— Je souffre, Philippe. Blocage total. Mal partout. Synapses sclérosées.

— La nuit est sacrée. Il faut apprendre à aimer les insomnies les plus dures, les plus inquiétantes, les plus éclairantes.

— J'ai un discours à écrire.

— Oubliez le discours. Vous devez vous tenir strictement à la nuit. Vous devez *devenir* la nuit.

J'aperçois mon reflet dans l'écran noir de ma télévision éteinte, tête ouverte, cerveau à l'air.

— Je vais vous lire un passage de la *Balance des discours*, d'un Chinois très important dénommé Wang Chong. Est-ce que vous m'entendez ?

Il est pris d'une quinte de toux. J'attends qu'il retrouve son souffle.

— Euh, oui, mais vous êtes sûr que vous ne voulez pas appeler un médecin ? Vous toussez vraiment beaucoup.

J'obtiens un son indistinct venu des profondeurs pour toute réponse.

Il reprend :

— « Quand le feu s'empare d'une lande sauvage, seules les herbes qui ont été comprimées par les roues des chars demeurent intactes ; elles sont d'ailleurs très appréciées du peuple qui les appelle des herbes de chance. » Suis-je assez clair ?

— Je ne comprends rien.

— Écoutez, les migrants, cessez donc de les considérer comme des ennemis, des problèmes, de dangereux fugitifs, et demandez-vous pourquoi ils sont en France. C'est simple : parce qu'ils ont envie de la France, ils l'aiment, ça fait des siècles qu'ils viennent, comme les jeunes filles vont en Italie. C'est leur tradition. Il y a des villages entiers qui envoient leurs enfants chez nous, deux, trois ans puis ça revient, comme les Bretons qui partent à New York. Ils aiment Voltaire, ils aiment Camus, ils aiment Picasso, ils aiment le vin de Bordeaux et les trottoirs mouillés. Je vais vous dire un grand secret : ils feraient de très bons écrivains français (il rit). Donnez-leur donc des cours d'œnologie ! Vous n'allez tout de même pas les renvoyer dans leur bourbier. Tout à l'heure, dans le poste, j'ai vu un enfant, dix, douze ans, à peine, brandir une pancarte sur laquelle il avait écrit : « Je veux l'école ! » Imaginez : des enfants qui rêvent d'école ! Comme c'est étrange…

— Ok…

— Méfiez-vous. Toute pensée produit son propre académisme.

Je suis perplexe et légèrement incrédule, puis :

— Comment puis-je faire pour vous remercier ?

— Envoyez-moi une caisse de Haut-Brion. À Matignon, vous avez accès à tout, n'est-ce pas ? Les caves sont pleines de trésors.

J'entends son rire, mêlé à une toux de plus en plus forte, tout se brouille.

— Ah, une dernière chose !

Je presse le combiné contre mon oreille, pour m'assurer de ne laisser aucun mot s'échapper.

02:26

Le problème, ce n'est pas Robbe-Grillet, c'est moi. Robbe-Grillet est le miroir de ma défaillance. Pétrifié derrière mon bureau, j'allume la télévision pour vérifier l'état de la situation. L'heure tourne. Les éoliennes aussi. Je repense à ce qu'a dit Sollers, juste avant de raccrocher : « Lorsque quelque chose d'essentiel se passe, le temps est là et a tendance, en suivant la courbure de l'espace-temps, à devenir infini. » Je n'arrive plus à suivre cette courbe, voilà toute la difficulté.

La situation est critique. Si je ne termine pas ce discours, je serai hanté jusqu'à la fin de mes jours par la vision de migrants tournoyant sur des pales d'éoliennes, dans le silence de tous. La seule manière de rompre la malédiction, c'est d'écrire, mais pour écrire, je ne peux pas rester là, à attendre le miracle. Il faut agir vite. Si seulement je pouvais discuter, ne serait-ce que trois secondes, avec Conrad. Je suis sûr qu'il me donnerait l'amorce, l'accroche. Combien de fois suis-je venu le voir, effaré par l'épaisseur des dossiers dont nous devions tirer la substantifique moelle, mon ordinateur prêt à prendre la dictée, pour la première phrase qui donne le ton ?

Je m'équipe pour une virée nocturne : torche électrique, téléphone et flacon de tord-boyaux. J'ajoute au dernier moment la petite lampe à huile. Qui sait ? Cet ustensile rapporté de Rishikesh après un stage de yoga tantrique pourrait bien se révéler plus efficace qu'on ne le pense. Paré pour l'aventure ou la fuite, je franchis la porte de mon bureau en faisant mine de ne pas remarquer les signaux passifs-agressifs que m'envoie Robbe-Grillet, avec ses yeux écarquillés et ses sourcils levés. J'emprunte la porte de service, sur la gauche du portail. Cela m'amène à longer le bureau de la conseillère sociale. Elle travaille jour et nuit pour la santé publique, mais elle-même se nourrit exclusivement de crocodiles Haribo et fume trois paquets de cigarettes de contrebande par jour. Pour éviter de faire du bruit et de la réveiller (car elle dort souvent sur un canapé en similicuir inondé de dossiers – réforme de l'hôpital, retraites des soignants, nouveaux vaccins, Aide médicale d'urgence…), je me déchausse.

Ce n'est qu'une fois dehors que je remets mes chaussures en claquant des dents. Le trottoir de la rue de Varenne est glacé. Les lampadaires tremblotent. Je profite d'être à l'air libre pour esquisser quelques mouvements de gymnastique. Le garde républicain en faction fait mine de ne pas remarquer mon manège loufoque. De toute manière, j'ai pris ma carte noire de conseiller technique : ce sésame ouvre toutes les portes, même les plus secrètes. Je pénètre dans l'hôtel de Montalivet, pile en face de Matignon, longtemps habité par la famille La Rochefoucauld, originaire de l'Angoumois (et dont la devise est sans équivoque : « C'est mon plaisir »), traverse le hall de marbre plongé dans la nuit, pousse une porte dérobée, parcours un bout de jardin et arrive dans l'ancien hôtel particulier de Gouffier de Thoix, dont l'accès est gardé jour et nuit par Mars et Minerve. Louis Aragon et Elsa Triolet y louaient un appartement. On accédait à leur chambre, située au dernier étage, par un petit escalier en colimaçon qui jouxte aujourd'hui le cabinet militaire. C'est ici qu'est mort Aragon, à la veille de Noël 1982 après avoir, pendant dix ans, vécu dans le souvenir d'Elsa, mais aussi dans l'ombre de sa propre mort. Il avait punaisé sur les murs de leur chambre photographies, affiches, cartes postales. Un mausolée d'amour fou, dans une atmosphère de voyance digne de monsieur Bobo. Une photographie de Lucien Clergue montre un corps féminin, dos à une déferlante. La femme s'oppose à la mer. Elle fait barrage à la tempête, contre-baigneuse lucide et courageuse. La photographie de ce chamane argentique est conservée au musée d'Art moderne de Paris.

Un murmure me parvient de la fenêtre laissée ouverte des anciens appartements d'Aragon, à moins que ce ne soit des réminiscences de lecture :

Rien n'est précaire comme vivre
Rien comme être n'est passager
C'est un peu fondre pour le givre
Et pour le vent être léger
J'arrive où je suis étranger

En quête de Conrad, mon sauveur, je vais là où ses habitudes nocturnes sont connues. J'avance dans cet entrelacs déserté par les fantômes, poussant ma chance jusqu'au 69 de la rue, dans le très discret hôtel de

Clermont, édifié par Leblond avant son départ au service du tsar Pierre le Grand.

Voilà, enfin, quelqu'un qui travaille ! Les portes ont été laissées grand ouvertes et j'aperçois dès le vestibule le ministre chargé des relations avec le Parlement en plein conciliabule avec nul autre que Conrad en personne. De guerre lasse, je m'avance sur un parquet décoré de marqueteries sous le regard incrédule de cupidons ailés et me présente. Le ministre lève à peine les yeux – pour lui, les sous-fifres ne sont plus que des ombres, des fumerolles, des mouches –, mais Conrad me dévisage longuement. Ces quelques secondes me revigorent.

Après s'être excusé auprès du ministre, qui n'est en fin de compte qu'un ministre délégué, comme je ne suis moi-même qu'un conseiller technique, Conrad m'interroge sur ce que je fais là.

— Je suis venu te demander une phrase, un mot pour commencer le discours.

— Écoute, il est tard, je ne suis pas un distributeur automatique. Et tes lacets sont défaits.

Il a le sens de l'observation et du détail inutile, c'est sans doute ça qui fait sa renommée. J'ai subitement une bouffée d'admiration, à moins que ce ne soit le découragement qui me porte le coup de grâce. Du menton, il m'invite à le suivre. Nous contournons deux colonnes de marbre, et là, le regard de Conrad s'allume :

— Tu te focalises trop sur le discours ! Une commande est un barrage. Il faut savoir dévier. Si tu veux écrire, tu dois garder en tête ces mots de Sénèque : « Le chaos vous tire. » Le jour où tu comprendras ce que ça signifie, tu seras sorti d'affaire.

— Mais Conrad, je ne peux plus attendre. Il est deux heures et demie du matin !

Avant de me raccompagner à la porte, il éclate d'un rire gourmand.

— Il est encore trop tôt. La nuit est jeune !

Il a bizarrement réussi à me motiver. Je mets le cap sur le 57 et compte bien m'y remettre, sérieusement.

De retour à mon bureau, j'ouvre un nouveau document Word. Le curseur clignote, l'icône des courriels reçus dans la barre des tâches tressaute, une fenêtre s'ouvre pour proposer une mise à jour. Robbe-Grillet me toise.

02:45

À moins d'être Kafka, pour écrire, il faut avoir l'estomac bien rempli. Or, j'ai faim, très faim. Sûrement la conséquence de mon insomnie conjuguée au manque d'inspiration pathologique. Impossible d'avancer avec de pareilles crampes d'estomac. Un fruit me suffirait. Une pomme, une noix, une demi-banane. Mais si on me donnait un baba au rhum, évidemment, ce serait mieux. Ce qui serait encore mieux : un baba au rhum de ma voisine Marie-Claude, mais comme je ne suis pas en Charente et proche de l'inanition, je descends aux cuisines.

Ouvert nuit et jour, l'office est tenu par de jeunes apprentis de la Marine. De temps en temps, une fille vient semer le trouble. Les gros durs deviennent instantanément des égoïstes romantiques, les non-fumeurs se mettent à fumer dans l'espoir de partager une pause avec elle, les fumeurs arrêtent de fumer si la fille préfère le yoga à la nicotine. Et dire que ces types sont les mêmes que ceux qu'on envoie dans les cuisines des sous-marins. Les chefs ont une trentaine d'années, les serveurs ont vingt ans, à peine plus. Le service à table est restreint au Cercle intérieur et, bien sûr, au Premier ministre, qui se doit d'avoir un bon coup de fourchette. Les autres conseillers descendent par roulements chercher un café, un jus d'orange, une barre chocolatée. Même chose pour les déjeuners et les dîners. J'observe depuis mon arrivée ici le fonctionnement des cuisines, le sens de l'organisation digne d'un terrain de manœuvres militaire, la rigueur collective au cordeau où chacun est concentré sur une tâche, où les consignes sont aboyées d'un coin à l'autre des cuisines, où le moindre faux pas est répréhensible. D'ordinaire, l'office est la partie la plus vivante de Matignon. Toujours un rire, une blague, un ordre du maître d'hôtel qui rebondit dans un canyon de casseroles en cuivre et de planches à découper. Le grand art se déploie en certaines occasions.

Les repas des hauts dignitaires sont des premières de Comédie-française. La scène est tenue par les crèmes Dubarry, les sociétaires sont les encornets farcis, les magrets de canard laqués, les vedettes, les gambas sautées, les rôtis de veau avec des haricots verts frais, les vieilles actrices, les jambons braisés, les salades d'ananas à la citronnelle, les flammenküche, le lieu jaune aux pommes grenailles, les ailes de raie aux câpres, les omelettes cuites à la perfection, la saucisse au couteau accompagnée de pommes de terre farcies d'aligot. Tout dépend du spectacle. Végétariens pour les uns, carnivores pour les autres. On ne sert pas le même menu pour *Le Misanthrope* ou *Richard III*. En revanche, rares sont ceux à refuser le vin.

Cette nuit, pas âme qui vive, silence radio dans les casseroles. Désespéré, j'ouvre un placard puis un autre, à la recherche d'un paquet de chips, d'un bout de fromage, d'un croissant rassis de la veille. Alerté par le bruit des portes en inox, un jeune homme pas très grand, en veste blanche, surgit de la salle de repos. Il est impeccablement mis, pas un pli à sa veste. Je suspends mon geste, un Kinder Bueno à la main. Imperturbable, il demande :

— Monsieur, puis-je vous aider ?

Son travail consiste à n'avoir jamais l'air étonné.

— Oui, j'ai une petite faim. Je cherchais… un fruit.

Le plus naturellement possible, je sors de son emballage la friandise chocolatée (nutriscore E) et l'avale en trois bouchées. Après quelques secondes de réflexion :

— Je vous prépare une omelette ?

— Merci bien, mais ça me va. Je ne veux pas vous déranger en pleine nuit.

— Mmm, j'ai plutôt l'impression que ça ne va pas.

— Oui, j'ai un discours à écrire et je n'arrive pas à aligner plus de trois mots.

— Moi, je n'y connais rien, mais je sais que les types qui écrivent, ça aime les cocktails. J'ai travaillé au bar Hemingway, au Ritz.

— Hemingway ?

— Oui, c'est mon écrivain préféré. Tenez, regardez ce que j'étais en train de lire.

Il fait un bref aller-retour dans la salle de repos attenante et revient avec un livre de poche.

— Vous l'avez lu ? *Îles à la dérive*. Ça fait voyager. C'est à cause d'Hemingway que je suis sous les drapeaux, ou plutôt sous la mer, vu que je suis sous-marinier.

Ce type a raison : les migrants sont des îles à la dérive. Contre Robbe-Grillet : Hemingway ! Il continue :

— D'après ce que j'ai compris, il aurait même inventé le Bloody Mary, du nom de son épouse. Je vous en prépare un ?

Sans attendre ma réponse, il s'empare d'un verre épais, puis débouche une bouteille de vodka bleue avec le mot « philtre » gravé en transparence.

— Le secret, c'est d'ajouter la tomate par-dessus la vodka.

Il écrase une tomate à main nue au-dessus du verre, puis une autre.

— L'autre secret, c'est de presser des tomates fraîches, et d'éviter à tout prix le jus en bouteille.

Je l'imagine à mille pieds de profondeur, dans son sous-marin, sauvant le moral des troupes au moyen de cocktails du Ritz. Il complète le verre d'une pincée de sel de céleri, de trois gouttes de tabasco vert (« le rouge, c'est un sacrilège ») et d'une giclée de sauce Worcester.

— Je n'ai pas de céleri frais, mais Hemingway s'en passait. Goûtez-moi cette merveille. Je prépare de très bons mojitos aussi...

Il sait y faire. Le cocktail est une réussite, simple, mais imparable.

Les anges gardiens sont plus nombreux qu'on ne le pense. Le jeune sous-marinier ne s'est pas trompé : le Bloody Mary me réanime. Intense sensation de détente. Mes tempes battent moins fort, mon souffle se calme, les idées se tempèrent, je suis prêt, je vais écrire la version discours de *L'Adieu aux armes* quand, soudain, un coup de tonnerre résonne dans la minuscule cour voisine. Ce sera plutôt *Pour qui sonne le glas*. J'ai à peine le temps d'inscrire dans mon carnet (les lettres se dédoublent – la vodka est bien tassée) :

LES MIGRANTS SONT DES ~~ÎLES~~ VIES À LA DÉRIVE.

02:52

En quelques enjambées instables, je suis dans l'arrière-cour, comprimée entre deux bâtiments, avec une grande poubelle garée sur le côté. Bloody Mary à la main, je surprends Lena : elle est là, statufiée, des éclats de verre éparpillés autour d'elle comme les perles du collier de la reine.

Au livre XIV des *Métamorphoses*, un jeune et joli berger se pend à la porte de la noble Anaxarète. Aphrodite change la jeune fille en statue : « Ses yeux se fixent, le sang abandonne ses veines, sa peau blanchit ; elle veut fuir, et ses pieds s'attachent au sol ; elle veut détourner la tête, et son cou s'y refuse ; la dureté de son cœur envahit peu à peu tous ses membres. » Lena a le regard vide. Est-ce qu'un berger naïf est mort pour elle ?

Je m'avance.

— J'aimerais m'enfuir, là, je ne sais pas, dans le Perche ? me dit-elle.

— Le Perche ?

— Oui, un petit village reculé, la vie tranquille, des odeurs de cuisine, des toiles cirées à carreaux vichy, des draps en coton, le genre « force tranquille ». Sans conseillers, sans énarques, sans télé.

— Et le discours ?

— Quel discours ?

Je suis effaré. Elle a oublié le discours. Qu'est-ce qui a bien pu se passer ? Quand je lui demande ce qu'elle a, Lena reste silencieuse.

Tout le monde rêve de prendre la fuite. Les Premiers ministres eux-mêmes n'échappent pas à cette règle. Pour survivre, ils tangentent. Pierre Mauroy prend sa voiture et conduit des heures, seul dans Paris. Le fidèle Fillon, qui regrette la Lanterne dont son hyper-président l'a dépossédé, se réfugie dans sa maison de la Sarthe. Certains s'évadent dans la fumée de leur cigare, en faisant le tour du jardin. D'autres boivent de la bière artisanale et écoutent du heavy metal plein pot. Au fond d'eux, ils sont impatients que cela se termine. On croit que la vie continue, mais elle est suspendue dans les airs. Parfois, cependant, c'est la tempête. La vie finit par faire céder la digue.

Je regarde Lena droit dans ses yeux couleur marc de café, ce qui est cohérent avec ses talents de voyance. Elle sourit et tente de me rassurer :

— Ne t'inquiète pas, je vais m'en sortir, mais là, ce soir, j'aimerais vraiment prendre le large.

Les migrants aussi ont pris le large, bravant l'incertain, et nous, que faisons-nous ? Nous les observons, *cliffhangers* des Hauts-de-France entre Peuplingues et Sangatte. Au mitan de cette nuit interminable, je me demande si je ne ferais pas mieux, moi aussi, de me libérer, de partir sans papier, ni argent, de laisser ici tout ce qui m'asphyxie, d'aller user le monde à mon tour. Matignon est à la fois, dit-on, le lieu de la damnation et celui de la rédemption. L'endroit où j'apprends ce qui m'était jusque-là apparu comme une vertu ringarde, une qualité d'un autre siècle : l'humilité. Si tu veux être sauvé, égare-toi. Si tu aimes, pars. Le discours a besoin de respirer. Moi aussi.

— Partons.

03:00

Vu l'heure, j'ai certes l'esprit embrumé, parcouru de gyrovagues – Lena, le Premier ministre, les migrants, Conrad, où est Conrad à présent ? et en fin de compte, ai-je encore un discours à écrire ? –, mais je connais le chemin pour sortir d'ici sans trop me faire remarquer : la porte de secours à l'extrémité du parc, accès direct rue de Babylone. Nous franchissons l'enceinte. Lena est heureuse de se promener, elle survole le trottoir. Savoir marcher à deux est la preuve de l'*entente* véritable. L'épreuve ultime est le baiser, mais il n'en est pas question ici, n'en déplaise aux vieilles rengaines romanesques. Ce n'est pas le genre de Lena.

Nous tournons rue de Bellechasse, dont le nom évoque Artémis, la déesse de la chasse. Elle court et nous avec elle jusqu'à la rue de Lille, après avoir traversé le boulevard Saint-Germain quasi désert (un taxi est garé, phares allumés, pour quel client insomniaque ?). Je raconte à Lena mes souvenirs des langues O'. Quand j'y apprenais le chinois, ne restaient plus dans ce bel hôtel particulier du VIIe arrondissement que la bibliothèque et quelques bureaux. Les étudiants y traînaient pour s'inscrire et pour lire. Les cours, eux, avaient lieu à l'autre bout de Paris, dans l'ancien siège enfumé de l'Otan, en lisière du bois de Boulogne et de ses camping-cars tarifés. La rue de Lille est plus sérieuse. Jacques Lacan y recevait ses patients (surtout ses patientes) qu'il expédiait, les un·e·s après les autres, impatient de rejoindre François Cheng pour s'exercer à la calligraphie, ou Roland Barthes et Philippe Sollers avec lesquels il buvait du champagne rosé.

Un vieux monsieur avec un chapeau de feutre et une cravate en laine promène un chien minuscule au bout d'une laisse en cuir rouge. Il a des yeux délavés par les années. Lena le salue et engage la conversation. Moi, je préférerais continuer à marcher. Le vieil homme n'arrive pas à dormir, alors il promène Lady-L, un Russkiy Toy de trois ans. « Vous êtes à Matignon, c'est ça ? Il est bien, votre patron. » Les vieilles personnes du quartier ne sont pas les plus fervents anarchistes. L'autorité politique les rassure. À cet instant, un livreur Deliveroo, avec son panier bleu turquoise fixé au guidon de son vélo municipal, nous dépasse. Je sursaute.

— Ne faites pas attention, ce pauvre garçon est un doux dingue.

Je me demande ce qu'il veut dire par là.

— C'est un livreur de nuit, non ?

— Il l'a été, mais je peux vous assurer qu'il n'a plus rien à livrer depuis longtemps.

Le vieil homme le regarde s'éloigner deux, trois secondes puis reprend, à voix basse, sur le ton du secret d'État :

— Il vient tout droit de Bamako, un diplôme de médecine en poche, mais pour survivre, une fois en France, il s'est mis à livrer des *hamburgers* en pleine nuit. Pendant le confinement, ça marchait très bien, mais, depuis, qui a envie de manger des *hamburgers* refroidis avec des frites molles ?

Il prononce le mot « hamburger » avec un accent américain incongru. Puis, avec un bref éclat de rire :

— Ces types sont vraiment des *Jack of all Trades*.

Devant mon regard ébahi, il se sent obligé d'expliquer :

— C'est ainsi qu'on parlait de Shakespeare, mais certains talents se perdent. Ce livreur a eu un accident de la circulation. La plateforme, basée à Londres, a prévenu le client du retard. Un autre coursier a pris le relais pendant que notre jeune docteur en chirurgie finissait à l'hôpital. Il a été licencié, considéré comme responsable d'une « mauvaise image de l'entreprise » et depuis il pédale toute la nuit, pour des livraisons de *hamburgers* fictifs.

Encore cette intonation new-yorkaise parfaite qui m'horripile. Son cabot tire sur la laisse.

— Il n'y a pas que ce livreur à être devenu fou. Le monde entier est devenu fou. Un vrai Sabbat !

Il s'éloigne, ou plutôt, nous le laissons partir. Je crains que ce soit lui le plus fou, avec son regard bleui par les dépressions successives.

À cette heure miraculeuse de la nuit, les rues se couvrent d'une fine pellicule de poudre d'or. Aragon, dans *Défense de l'infini*, évoque « une nuit surnaturelle » qui « prend tout à coup le pays à la gorge ». Nous y sommes. Lena se rapproche. Nos épaules se touchent à présent, mais nos visages sont tournés vers l'avant. Dans tout drame se cache une lumière. Lena m'explique que son psy a dit une fois : « Après chaque catastrophe, il y a un changement de culture. »

Je n'ose pas lui demander pourquoi elle voit un psy. Après tout, on devrait tous consulter, le monde ne s'en porterait pas plus mal. Elle m'explique aussi - c'est son instant confidence - que son marabout freudien lui a conseillé d'écrire des courriers manuscrits aux personnes qui comptent pour elle. Selon le thérapeute - apparemment de l'école Self-Help –, les lettres ne sont pas, comme les e-mails, des éléments immatériels. Elles sont palpables. Elles sont vivantes. Il n'est pas abusif d'écrire qu'une lettre porte vraiment quelque chose de soi, car on y laisse un peu de son ADN, quelques cellules de nos corps se glissent dans les fibres du papier, on souffle sur l'encre pour la faire sécher.

Lena surprend l'éclair de tristesse tombé sur moi. Malgré le froid, elle défait deux boutons de sa robe et la descend sur son épaule nue. Elle porte en tatouage, d'une écriture penchée de style gothique : « Le plus beau des courages, c'est d'être heureux », une citation de Joubert, le grand ami de Chateaubriand, qui publia lui-même ses carnets. Ce dernier habite juste à côté, 120 rue du Bac. C'est aussi là qu'il est mort, le 4 juillet 1848.

Sur ces entrefaites, nous poussons jusqu'à la Seine. La nuit lui a fait prendre les couleurs brunes du Gange.

— Tu as un drôle de visage cette nuit, c'est comme si tu étais quelqu'un d'autre.

Lena ne dit rien. Elle regarde l'eau qui coule. Nous sommes seuls comme jamais. La vieille rengaine romanesque fait de la résistance.

— Tu me fais penser à Indira Gandhi.

Elle sourit.

— Elle était comment ?

Je sors de mon carnet la photographie noir et blanc d'une femme en sari, avec des mains de danseuse, un sourire distant et des yeux ronds aux paupières fatiguées. Lena ne semble pas étonnée que je garde Indira Gandhi comme une amulette protectrice. Après tout, c'est assorti à son jeu de tarot.

La fille de Nehru s'est rendue deux fois en France en sa qualité de Premier ministre. Une première fois, en mars 1966, où elle rencontre le général de Gaulle et s'entretient avec André Malraux. Cela ne fait que deux mois qu'elle a accédé aux plus hautes fonctions, à la tête d'une République encore jeune dont elle fera dix ans plus tard une puissance nucléaire. Certains pensent avec naïveté – facette vieille France de la misogynie – pouvoir contrôler sans difficulté cette femme élégante, réservée. C'est oublier qu'elle excelle en diplomatie et qu'elle est une grande stratège. Indira Gandhi revient à Paris en novembre 1981. Elle parle un français parfait, appris à Genève. J'avais regardé les images d'archive. Le jeune journaliste présente un reportage sur sa visite. Le pauvre a visiblement du mal à comprendre qu'une femme puisse être aussi puissante que cette Indienne au port royal. Quand il évoque sa rencontre avec Pierre Mauroy, Premier ministre de François Mitterrand, sa langue fourche : « Les deux hommes… (rire gêné)… eh bien, les deux chefs de gouvernement se sont vus cette après-midi à l'hôtel Matignon. » Indira est là, vêtue d'un châle bleu, serrant la main de Mauroy en haut des marches du perron, à la sortie du salon jaune où la réunion s'est tenue. Une envoyée spéciale lui demande : « À votre avis, qu'est-ce qu'il manque le plus à la culture française, que la culture indienne pourrait lui apporter ? » Elle répond : « Il n'y a pas des choses qui manquent. L'humanité, l'individu doit prendre l'expérience de tous les pays. » Le ministre des Relations extérieures, lui, est très ennuyé car il n'est pas parvenu à vendre ses cent cinquante Mirage 2000. Sans doute pensait-il qu'une femme, *a fortiori* une femme de couleur, ne comprendrait rien à ces avions de guerre et signerait le chèque, mais Indira Gandhi n'est pas du genre à se laisser faire. Claude Cheysson s'entortille devant les caméras. L'ancien officier des Forces françaises libres, qui a participé en 1954 à la conférence de Genève sur l'Indochine, a échoué à la convaincre. Mais qui l'aurait pu ?

Elle est assassinée en 1984.

Après un mirage contemplatif, Lena lâche le morceau :

— J'ai quitté ma future épouse.

— Dingue !

J'ignorais que Lena préparait le plus beau jour de sa vie.

— Elle était trop parfaite pour moi. Intelligente, riche, hyper sexe : le cauchemar.

— Vous alliez vous marier ?

— Oui, en grande pompe, l'été prochain. Les invitations devaient partir d'ici la fin de la semaine. Je venais d'essayer ma robe. Chanel. Pour elle, on avait prévu une combinaison Ralph Lauren. Les éoliennes ont été le déclic, mais cela faisait longtemps qu'on n'arrivait plus à se parler.

— Ta robe te va très bien, mais quel rapport avec les éoliennes ?

— Les migrants sur les éoliennes. Laurence (je devine que c'est le prénom de son ex-future femme) travaille pour RTL. Elle m'a envoyé ce texto.

Elle glisse vers moi son téléphone. Je lis : « Sujet top. Pour vous aussi. »

— Sujet top ? Tu te rends compte ? « Sujet top. » Voilà ce que j'ai répondu.

Elle me montre à nouveau son écran. Je lis : « Sur ce sujet top, je te quitte. »

Nous nous sommes assis sur le muret qui descend vers la Seine.

— On devrait rentrer. Tu n'as pas un discours à écrire, toi ?

03:15

En passant rue du Bac devant le tabac L'Orient d'Or, j'aperçois par la fenêtre la lumière d'une veilleuse. À cette heure-là, c'est intrigant. Bien qu'ayant arrêté depuis longtemps, j'ai subitement très envie de fumer. C'est l'occasion rêvée de retrouver le goût des Camel de ma jeunesse et l'inspiration pour mon discours. Je propose à Lena de faire une halte. La petite boutique à la façade boisée a été reprise par un couple de Chinois originaires de Wenzhou, comme la moitié des bureaux de tabac de Paris. Je frappe à la vitrine. Une fillette, âgée d'une dizaine d'années, m'ouvre la porte. Elle se frotte les yeux de sommeil, mais j'aperçois sur la table éclairée un livre de mathématiques. Lena lui demande si ses parents sont là. La fillette les appelle, en chinois. *Baba, mama.* Au-dessus de la caisse, une calligraphie identique à celle que Sollers avait affichée dans son bureau des éditions Gallimard, à quelques minutes de là. Je me demande si ce n'est pas lui qui leur aurait offert.

桥畔垂杨下碧溪，君家元在北桥西。
来时不似人间世，日暖花香山鸟啼。

J'interroge l'enfant sur le sens de ces lignes de caractères tracés au pinceau. Elle jette un œil au rouleau suspendu :

— Ça raconte l'histoire d'un pont. Un pont qu'il faut traverser, comme tous les ponts. Sur l'autre rive, il y a du soleil, des fleurs, des oiseaux.

Sa mère arrive. Elle ne s'offusque pas de trouver, en pleine nuit, deux inconnus en train de discuter avec sa fille de poésie chinoise classique. Elle nous propose un thé.

— Vous n'avez pas quelque chose de plus fort ?

Elle descend de l'étagère une bouteille de cognac et nous verse un verre chacun. La liqueur allume la nuit et quand on ressort, le trottoir a le joli reflet des villes après la pluie. Je m'arrête pour allumer une cigarette sous un porche, à l'abri du vent qui s'est levé. En relevant la tête, j'aperçois une petite plaque de marbre :

Ici vécut Romain Gary,
Compagnon de la Libération,
écrivain et diplomate
de 1963 à sa mort, le 2 décembre 1980.

Qu'est-ce que Romain Gary aurait bien pu écrire sur le traitement que l'Europe réserve aux migrants, lui qui a toujours su trouver les mots justes pour dénoncer les innombrables injustices dont l'homme se rend coupable ? Lena me confie qu'adolescente, elle était amoureuse de lui. Rien d'étonnant à cela : le romancier, comme Nelson Mandela ou Gandhi, est devenu une valeur universelle cotée sur la bourse mondiale du bon sentiment.

Malgré ma mauvaise humeur endémique, je sais que les anges penchent la tête pour qu'on ne les voie pas.

03:30

Le métier de plume ne s'arrête pas à l'accumulation des faits ni des idées. C'est une technique délicate, celle de l'effacement des traces. Un des idéaux du lettré-calligraphe chinois est l'absence d'empreinte du pinceau sur le papier, miraculeuse saisie de l'insaisissable. Cet art consiste à apporter du relief à ce qui en manque.

Absorber une matière diffuse, le plus souvent très complexe, produite par des conseillers qui ânonnent la langue des experts. La comprendre, l'organiser, rendre cohérent ce qui ne l'est pas toujours, répondre aux tentatives de certains d'infléchir le discours dans une direction ou dans une autre, soumettre un premier projet, attendre qu'il soit lu, modifié, corrigé. Reprendre. Lutter contre le gonflement des détails qui rend incompréhensible le meilleur des discours. Toute prise de parole excédant les vingt minutes risque de passer à côté de son objectif principal : être écoutée jusqu'au bout, et si possible comprise. Donc, ne pas aller au-delà de dix pages et demie, jamais. Sauf quand…

La seule règle qui vaut, c'est qu'il n'y a pas de règle.

Dans le froid humide de la rue du Bac et la descente du cognac, tandis que nos pas nous éloignent de L'Orient d'Or, je me récite les *Propos sur la peinture du moine Citrouille-Amère* : « Le fondement de la règle réside dans l'absence de règles qui engendre la Règle. »

Lena, emmitouflée dans la veste que je lui ai prêtée, s'interroge :

— S'il n'y a pas de règles, tu n'as qu'à utiliser ChatGPT !

— Tu demanderais à un robot conversationnel autogénératif de se prononcer sur le sort des migrants ?

Pour toute réponse, Lena sort son téléphone, pianote avec dextérité, puis me tend l'écran. Des phrases surgissent, à rythme régulier :

« défi complexe et humanitaire »
« pressions exercées sur nos ressources »
« respect des droits fondamentaux de chaque individu »
« s'attaquer aux causes profondes »

J'aperçois encore des débris de mots : « cohésion nationale », « empathie », « sécurité », « contrôle des frontières », « solutions durables ».

Le discours virtuel se déroule sous mes yeux fatigués, jusqu'à la phrase ultime : « [Prénom Nom] Premier ministre de [Nom du pays] ».

Ç'en est trop :

— Je refuse de me laisser plumer par l'intelligence artificielle. Je m'en tiendrai désormais à mon carnet !

Lena est encore plus radicale :

— Tout doit tenir sur une lame de tarot.

Cependant, je m'inquiète. Mon stylo n'a plus d'encre. Face à mon inutilité une nouvelle fois vérifiée, le Premier ministre va-t-il confier le discours à quelqu'un d'autre ? À Conrad ? Van Gogh lui a peut-être dit que je dérapais, que j'étais viré, qu'il ne fallait plus me faire confiance…

03:45

J'interromps le cours de mes pensées et regarde un nuage passer devant la lune, obscurcissant le ciel. À l'approche de Matignon, mon corps refuse d'avancer, comme un cheval devant l'obstacle. Le vertige s'accroît. Cette porte me fait l'effet de l'entrée d'un caveau.

03:47

Lena, l'ex-future mariée, voit bien que je chavire. Don de voyance, sens de l'observation ou psychanalyse de magazine ? La première fois que je l'ai rencontrée, elle m'a impressionné par la luminosité de son regard. Les hommes voient moins bien ; la cataracte de l'ambition les aveugle. Je les fuis.

À l'exception des jeunes communicants, vifs et drôles, comme cet épigone de Raymond Radiguet, le diable au corps, et toujours en colère contre tout le monde, en charge des réseaux sociaux, mais qui connaît par cœur des dizaines de poèmes, ne jure que par ses Alpes natales, et, passant par mon bureau, me dit : « Un jour, je te manquerai. »

L'autre secteur qui échappe à la lourdeur est le pôle économique : de petits garçons le dirigent, avec des yeux pleins de rêves et de chagrin. Ils se déplacent en bande, joyeux avec leurs chemises bourrées de projections savantes, de décarbonation, de bouclier fiscal, et quand je les vois venir, je pense davantage à *La Guerre des boutons* qu'à *La Horde sauvage*.

Mis à part ce gang d'Apaches diplômés de Sciences Po et d'HEC, les femmes de Matignon seront les seules à vraiment me manquer, jusqu'aux jeunes huissières de mon étage, Sonia et Lucie, ainsi que les gardes républicaines, avec leurs yeux rieurs et leurs chemises empesées, ou bien encore les conseillères techniques et cheffes de pôle – redoutables guerrières. Matignon se décline au féminin, à travers toute une lignée longtemps passée sous silence. On préfère ainsi évoquer la duveteuse Louise-Hippolyte Grimaldi, qui pose un masque à la main, plutôt que la très mystérieuse Anne-Eléonore Franchi, également connue sous le nom d'Eleanore Sullivan, qui avait organisé avec Axel de Fersen la fuite de Louis XVI arrêtée à Varennes, le 20 juin 1791, non sans avoir été une intime de Talleyrand – avec lequel elle échangera plus tard Matignon.

L'hôtel de la rue de Varenne passe de main en main, et souvent aux mains des femmes. En 1816, Bathilde d'Orléans, duchesse de Bourbon, est forcée par Louis XVIII à s'y installer et à abandonner son palais de l'Élysée. Après la mort de pieuse Bathilde, sa nièce Adélaïde en hérite et, quelques années plus tard, c'est au tour de la duchesse de Galliera de s'installer ici. C'était une époque où l'on ne craignait pas de mourir au milieu de la nuit.

L'une de ces nuits est entrée dans l'histoire : le 15 mai 1886, les fiançailles de la princesse Amélie avec l'héritier du Portugal, le duc de Bragance, défient la chronique mondaine. Les cadeaux sont exposés dans le salon bleu. Le gotha des têtes couronnées s'y retrouve. C'est une fête si totale que la République s'en émeut, et fait voter le 22 juin la loi de l'Exil, qui bannit du territoire français les chefs des familles royales ou impériales. Ces émigrés au sang bleu sont, toutes proportions gardées, les migrants de Matignon.

Le 9 décembre 1888, la duchesse de Galliera meurt, ici même. Matignon devient un temps ambassade d'Autriche-Hongrie puis, aux lendemains de la Grande Guerre, la République en hérite. Nous passons sous les fenêtres du 53 rue de Varenne. Une autre migrante, américaine cette fois, y avait élu domicile : Edith Wharton. Ses amis de l'époque s'appellent André Gide – il habite juste derrière –, Jean Cocteau, Anna de Noailles. Quand la Grande Guerre commence, elle part au front et visite les hôpitaux militaires. Ses écrits de l'époque sont publiés sous le titre : *La France en guerre*. Puis, de retour aux États-Unis, elle écrit *Le Temps de l'innocence*. Edith Wharton est la première femme à obtenir le prix Pulitzer.

Plutôt que de rentrer à Matignon, Lena accepte de faire encore quelques pas rue de Varenne. En signe de gratitude, je lui cite de mémoire un passage de *Femmes* de Sollers : « Le monde appartient aux femmes. C'est-à-dire à la mort. Là-dessus, tout le monde ment. » Elle éclate de rire. Pourquoi le monde appartiendrait-il à la mort ? Et pourquoi les femmes en seraient-elles tenues responsables ?

— Nous ne pouvons pas passer notre vie à nous comporter comme des personnages de romans pour vous faire plaisir !

C'est un secret bien gardé, mais dans cette nuit de plus en plus noire, Lena me guide.

— La carte qui vient après le Pendu, tu me demandais ce que c'était. Eh bien, je peux te le dire : il s'agit de l'arcane sans nom. La mort. Mais la mort est en train de moissonner. Elle est un printemps qui vient. Cet arcane annonce une transformation profonde, rapide et radicale.

— Une révolution ?

— Oui, une révolution. Tête coupée !

Je soupire. Encore un oiseau de malheur. Comme si je n'en avais pas assez. Fière de son oracle, Lena et sa robe Chanel font volte-face et me plantent, là, tout seul, en pleine nuit, en pleine rue.

03:59

Non seulement Lena m'a planté, mais elle est partie avec ma veste (une vengeance possible après que je lui ai volé son jeu de tarot), et à présent, frigorifié, je tâtonne jusqu'à la porte dérobée du centre médico-psychologique, au bout de la rue de Varenne.

Le gardien de nuit, en blouse blanche, me conduit sans que je ne demande rien à la salle d'attente. Docile, je m'empare d'un dépliant où sont listées les compétences que l'on est en droit de trouver ici : thérapie interpersonnelle basée sur l'attachement, thérapie basée sur la mentalisation, thérapie comportementale et cognitive, thérapie psychodynamique, psychodrame. Dans cette salle d'attente sont disposées trois rangées de chaises en plastique, sur lesquelles patientent quatre femmes, en anorak, toutes avec des nourrissons en écharpe contre elles, et une femme sans nourrisson, maquillée. Celle-ci engage la conversation :

— Tu vas où, toi ?

Je pense avoir mal entendu et reformule la question :

— D'où je viens ?

— Ça, ça te regarde. Tu vas où après ? Angleterre, Amsterdam, Chasseneuil ?

J'ai dû mal entendre. Impossible qu'elle connaisse Chasseneuil. Ces femmes, âgées de vingt à trente ans, sont des migrantes.

— Chasseneuil, c'est une option. Et vous ?

— Moi, je ne vais nulle part. Je suis là pour ma transition.

— Votre transition ?

J'imagine un transit, un train, un avion.

— Pour devenir la femme que je veux être.

Migrante et transgenre, je mesure subitement l'insignifiance de mes atermoiements nocturnes.

Une femme médecin nous interrompt et me demande de la suivre dans la salle de consultation. Docile, résigné, j'obéis. Dans le couloir aux murs peints aux couleurs de l'arc-en-ciel (une constante de tout service psychiatrique), la praticienne me déroute :

— Ce n'est pas une heure pour une visite de contrôle.

Elle me prend pour ce que je ne suis pas : un flic, un inspecteur, un émissaire de l'Intérieur. Je tente de dissiper le malentendu, mais elle persiste :

— Vous n'allez pas me faire croire que vous venez consulter ?

Il n'y a aucun dédain dans sa question, juste de l'incrédulité. Dans ce centre médical d'urgence, je suis le seul mâle blanc en costume cravate à peu près bien rasé, cheveux peignés avec raie sur le côté. Arrivés dans son bureau, elle m'indique une chaise. Je lui demande si je peux m'allonger.

— Si vous voulez…

Elle baisse la garde :

— Dites-moi au moins pourquoi vous êtes là.

Mes yeux picotent et, sans que je puisse faire quoi que ce soit, je fonds en larmes.

— C'est mon père.

— Votre père ?... Il est décédé ?

— Il y a plus de vingt ans, mais ça ne passe pas.

Elle me tend un verre d'eau.

— Il faisait quoi, votre père ?

— Il a toujours voulu être écrivain.

— C'est formidable de vouloir être écrivain. Moi aussi j'aimerais être écrivain. Si vous saviez le nombre d'histoires que j'entends chaque nuit, ici.

— Oui, mais il est mort sans même me dire au revoir.

— Accident ?

— Noyade, suivie d'un an de paralysie. Il ne pouvait plus parler.

— Et vous auriez voulu qu'il vous dise quoi, votre père ?

— J'aurais voulu qu'il me parle, qu'il ait davantage confiance en moi.

— Quand on aime très fort, ça bloque la parole. Votre père vous a fait du mal ?

— Non.

La praticienne, rompue aux effusions lacrymales, me tend une boîte de Kleenex « ultra-soft » décorée d'une plume blanche délicate.

— Et votre mère, vous l'avez encore ?

(Je me rappelle subitement du SMS. Comment ai-je pu l'oublier ?)

— Oui.

— Qu'est-ce que vous allez faire quand vous serez sorti d'ici ?

Je ne sais pas trop ce qu'elle sous-entend. Sortir d'ici, c'est sortir de son cabinet, de Matignon ou de la nuit ? Je reprends un mouchoir et divague un instant sur la plume immaculée. Sûrement une plume de colombe.

— J'irai jouer au casino.

— Vous n'êtes pas sérieux. Vous fuyez les réponses à vos propres questions.

Elle note quelque chose sur son bloc-notes.

— Vous croyez en quoi ?

Je la suspecte d'être une lacanienne illuminée. Il faut dire que dans le quartier, entre la chapelle de la Médaille miraculeuse et le couvent des Filles de la Charité, les religieuses sont légion.

— Je ne crois plus en grand-chose. Et vous, vous croyez en quoi ?

La doctoresse me montre alors une petite médaille pieuse qu'elle tire de sa blouse.

— Cette médaille m'a été offerte par une femme philippine, originaire de Cebu. Après avoir tout perdu dans un tremblement de terre, elle a décidé de partir. Elle a traversé les océans, littéralement. Je l'ai suivie quelques semaines, à son arrivée. Puis elle a continué à venir, nuit après nuit, pour m'aider. Quand elle a obtenu son titre de séjour, elle m'a offert cette médaille.

Je la regarde plus attentivement. Au dos, deux petits cœurs, l'un entouré d'une couronne d'épines, l'autre transpercé d'un glaive. J'hésite à lui demander de me prêter son amulette. Ça m'aiderait peut-être à écrire mon discours. La psychiatre m'annonce que la consultation est finie. Elle conclut :

— Vous devez suivre votre propre loi. C'est la seule manière de vous libérer de ce qui vous empêche d'avancer. Et puis essayez d'appeler votre mère.

Avant que je quitte le centre, le même garde de nuit qui m'a fait entrer me propose un café. Ce n'est pas de refus. Nous nous asseyons sur un banc, aux côtés de deux femmes voilées, qui boivent aussi leur café en silence. Ma voisine trans n'est plus là. Je ferme les yeux pour mieux profiter de cet instant de plénitude. Dieu sait quels drames ont amené ces femmes jusqu'ici, et mon discours n'y changera rien. À nouveau dans la rue, à quelques mètres de Matignon, j'inspecte le ciel. La pleine lune sort enfin des nuages. Marcher pieds nus dans la lumière lunaire est une pratique japonaise.

J'hésite à enlever mes chaussures.

04:10

Requinqué par cette thérapie lunaire (et le café), je vais saluer le plus illustre des voisins de Matignon : Rodin. Derrière le mur d'enceinte ajouré de son musée personnel (après qu'il l'eut lui-même habité), je m'efforce de visualiser, au premier étage, les baigneuses de Camille Claudel, bien meilleure sculpteuse que lui (ce qui l'a rendu folle) : trois petites femmes de bronze pliant les genoux avant d'être submergées par l'immense déferlante de marbre-onyx qui les surplombe.

La vague de pierre se tient en suspens. En chinois, « vague de pierre » se dit 石涛. C'est aussi le nom du plus grand peintre du XVIIIe siècle, seul survivant de son clan lors de la bascule entre deux dynasties, qui a peint son autoportrait en jeune homme souriant, détendu, assis sous une déferlante terrible, mais qui n'affecte en rien sa sérénité. Pourtant, difficile de concevoir une enfance plus violente que celle de Shitao. Après l'assassinat de son père et le massacre de toute sa famille en 1644, le jeune garçon, âgé d'à peine trois ans, a vécu caché dans un monastère bouddhiste pendant plusieurs années. À aucun moment il n'a perdu son calme.

Pour résister à l'enfer, il faut être chinois. Tel est l'étrange message qui m'arrive dans la nuit. Et ne surtout pas s'affoler à la manière des baigneuses, qui sont déjà noyées avant même que la première goutte d'eau ne les ait atteintes.

RESTER CALME DANS LA TEMPÊTE.

04:30

Le sens du devoir me ramène dans l'œil du cyclone. À cette heure, pas âme qui vive. Hagard, je m'installe dans le salon bleu. J'allume les bougies d'un chandelier doré et sors le jeu de tarot de Lena. La lumière vacillante – comme moi – des bougies fait scintiller les faunettes à pattes de chameau des candélabres posés sur la cheminée. Ces jeunes filles remontent des chaînettes vers l'extrémité de leurs seins nus. Au-dessus des portes, en camaïeu bleu, des scènes de la vie des Chinoises imaginées par l'école de Huet au XVIIIe siècle montrent d'élégantes dames dans des poses orientales, visages paisibles sous leurs ombrelles en arrondi de lune. L'une d'elles fait descendre sa robe sur son dos, ses épaules sont nues et je l'imagine sans peine retirer l'épingle qui retient ses cheveux. On se croirait à L'Escarpin, ou à Cris et Chuchotements.

Je déploie les cartes sur un plateau de marbre, sans vraiment savoir comment faire. J'en tire quatre : le vagabond de la carte sans numéro marche sur l'eau ; trois animaux à l'allure diabolique tournent sur une grande roue de fête foraine ; un ange verse de l'eau d'un vase à l'autre ; un diable ridicule avec son corps bleu. J'allume une Camel. Après tout, dans quelques heures, je serai parti. Je suis le précepte de la psy : établir mes propres règles, à commencer par contrevenir à la loi Évin. Ne me reste plus qu'à écrire mon discours, mais derrière la porte du salon bleu que j'ai pris le soin de fermer, c'est le branle-bas de combat. Je ramasse les cartes et les fourre dans ma poche, souffle la bougie, éteins la cigarette et colle mon oreille contre la porte, dans l'espoir de comprendre. Plusieurs personnes s'agitent dans le bureau de Conrad, lieu de toutes les tractations, de toutes les manœuvres.

Dire qu'à son arrivée, on avait d'abord relégué le sulfureux stratège au fond du fond de l'annexe de Matignon sur laquelle règnent les économistes et veillent les diplomates, dans une grande pièce très sombre, avec à la fenêtre un paysage de forêt tropicale. Le jardin, de ce côté-là de la rue de Varenne, est à peine entretenu. Le bureau de Conrad était la cible régulière de frelons et de rats gros comme des lièvres. Conrad d'Alençon n'est pas homme à se plaindre. Il s'était tu. Le Premier ministre avait fini par s'étonner. Pourquoi donc son plus habile conseiller était-il en exil ? Le rapatriement avait eu lieu le jour même. La politique préférant le contraste à la nuance, on lui avait attribué un des plus beaux bureaux du 57, aux volumes somptueux, qu'un escalier caché derrière un panneau de bois en trompe l'œil relie directement à celui du Premier ministre.

— Et mon discours ?

C'est lui, le Premier ministre. Il a dû descendre par l'escalier dérobé. Il réclame son discours. Que fait-il là, à une heure pareille ? Je panique.

— Le petit s'en occupe.

Conrad m'appelle parfois comme ça, « le petit ».

— Vous m'expliquez que mon discours n'est pas prêt ? Pourquoi tu ne l'écris pas, toi ?

— Moi, des migrants sur des éoliennes, ça ne m'inspire rien de bon.

Long silence, puis explosion d'agacement.

— Appelle tout le monde. Il faut en finir !

— Maintenant ? Mais c'est la nuit.

Je crois reconnaître la voix de Van Gogh, vrillée par le stress.

— *Now*.

Aucune idée de la raison pour laquelle le Premier ministre parle en anglais, mais qu'il s'exprime en anglais, en basque ou en martien, c'est la catastrophe. Je dois trouver un endroit où achever vite fait mon discours.

Dès que la voie est libre, je retourne dans mon bureau à pas de loup, à la manière d'un flic qui s'avance, arme au poing, dos au mur.

05:00

Le téléphone rouge (qui est gris foncé) de mon bureau sonne. Je fais mine de ne pas entendre, concentré sur mon écran d'ordinateur, attendant que l'inspiration jaillisse comme d'une corne d'abondance. L'inopportun tombe sur la messagerie vocale. J'appuie sur la touche d'écoute. La voix de Van Gogh me fait frissonner.

— Je sais très bien que t'es là, alors viens tout de suite. Et pourquoi ton portable est éteint ? Tu n'as plus de forfait ou quoi ?

Cela fait des heures que mon téléphone est en mode avion. Une bouffée d'angoisse m'envahit : combien d'appels ai-je manqués ? Ma mère m'a-t-elle rappelé ? La pauvre, elle a dû avoir une insomnie à cause de son fils indigne, infoutu de prendre de ses nouvelles.

Van Gogh non plus n'a pas l'air d'avoir très bien dormi. Il faut dire que c'est le premier à se faire engueuler au moindre problème. C'est une de ces nuits où l'on se dit qu'on aurait mieux fait de rester chez soi à boire du saké.

Un garde républicain m'escorte jusqu'à la salle Pompéienne, réservée aux réunions les plus spéciales. De quoi ont-ils peur ? Que je m'enfuie ? À cette heure-là, plus rien ne m'étonne. La Pompéienne est un royaume à part, installé dans les anciens communs. Des volutes de fumée en forme de fruits s'enroulent autour du plafond peint d'anges et de femmes nues. Sous l'œil froid des vertus à figure humaine, le Cercle intérieur se réunit, composé des conseillers les plus puissants, direction de cabinet, chefferie, conseillers politiques, Lena, Conrad. Prévoyance, Travail, Abondance, Vigilance, Force, Indépendance, Prudence, Justice et Science.

La Pompéienne tient son nom de la passion de l'époque pour Pompéi, redécouverte au XVIIIe siècle. Dans *Le Délire et les Rêves dans la « Gradiva » de W. Jensen*, Freud note : « Il n'y a véritablement pas de meilleure analogie pour le refoulement, qui à la fois rend inaccessible et conserve un état de l'âme, que l'ensevelissement qui a été le destin de Pompéi et d'où la cité a pu émerger à nouveau grâce au travail de la pelle. » Réside ici la raison secrète de l'enthousiasme démesuré de Conrad d'Alençon pour l'antique cité, sa folie, sa cruauté matinée de sexe et d'oracles – sa faillite du jour au lendemain. La Pompéienne est l'inconscient de Matignon. Quand j'arrive, Van Gogh est avachi sur un canapé. Il somnole, épuisé. En réalité, là encore, c'est un langage codé. Plus le temps passe, moins il est détendu. Il devient lui-même. Matignon est un révélateur.

Une amie japonaise, quand je lui annonçais que j'intégrais le cabinet du Premier ministre et que je ne pourrais sans doute plus venir aux activités du club – un groupe d'amateurs de saké où elle officie en tant qu'experte – avait conclu : « C'est un peu comme un monastère, non ? » Elle avait raison. L'expérience politique rapproche de la vérité humaine. Elle est comme une lime, qui finit par éroder l'ossature pour mettre la moelle à nu.

Trois autres conseillers sont assis autour d'une table en verre, ordinateurs allumés, téléphones allumés, regards allumés. Van Gogh m'ordonne de m'asseoir, le Premier ministre va arriver.

Je sors mon carnet de notes et me relis. Ce n'est pas si mal, en fait. J'ai le début du discours, ne reste qu'à remplir les trous. Van Gogh plante son regard dans le mien :

— Il ne faut pas se rater.

Je le dévisage, les yeux écarquillés. Il se tourne vers Lena, qui se tient très droite et a remplacé sa robe Chanel par un Perfecto élimé (mais où a-t-elle mis ma veste ?).

— À quelle heure est la prise de parole ?

Van Gogh la regarde à la manière d'un crocodile, l'œil plissé, une fente jaunâtre. Je me dis qu'il s'est endormi, que seul un de ses deux hémisphères est éveillé, qu'il se régénère de cette manière, par alternance, comme le souffle alterné de certaines formes complexes de yoga.

— À sept heures. On n'a pas d'autre choix.

Sept heures ? Lena n'a plus un regard pour moi. Elle explique, plus professionnelle que jamais :

— L'heure des matinales sur toutes les radios du pays. Grande écoute.

Van Gogh émerge. Il semble plus inquiet que jamais. La preuve : il me sourit.

— T'as le discours ?

Je calcule de tête le temps qu'il me reste : à peine plus que 30 000 secondes. Elles s'égouttent une à une.

Comment ai-je pu en arriver là ? On ne gouverne pas la France avec des lames de tarot ou des citations d'auteurs.

De toute manière, à ses yeux, que suis-je ? Un littéraire, un orientaliste d'un autre âge, un artiste, autant dire un fumiste. Je me suis longtemps refusé à voir l'écart qui nous séparait. Après tout, nous étions au même endroit. Nous faisions plus ou moins la même chose. Nous respirions le même air. La différence ne se joue à rien. Ni aux bureaux, car certains sont nettement moins bien logés que moi – je suis le seul à avoir Robbe-Grillet sur tout un pan de mur –, ni aux costumes, car je m'emploie à porter un maximum de bleu marine et de gris. La différence est invisible, elle tient à un regard, à un sourire, à une nonchalance peut-être. Ils ont l'air au-dessus de tout, eux. Rien ne les atteint.

Mais en ce petit matin gris, je mesure la distance entre Van Gogh et moi. Un fossé. Un précipice. Sa présence ici est une étape logique de carrière. Il est brillant, percutant, efficace. Je suis abonné au périphérique, au détour, à l'émotionnel et aux complications. J'ai été recruté précisément en raison de cette différence existentielle radicale. J'aurais beau déployer tous les efforts du monde pour entrer dans la norme, pour me faire accepter, il n'y a rien à faire : je n'aurai jamais l'âme endurcie par l'habitude. Je m'ennuie trop vite pour m'accoutumer à quoi que ce soit.

Le Premier ministre fait son entrée. Loin du costume trop grand, que certains qualifieraient de ringard et qui rassure les Français, il porte un survêtement de sport écarlate et un bonnet tricoté main. À mon humble avis, un homme qui arrive à de tels niveaux de responsabilité et arbore ce genre d'accoutrement au saut du lit, c'est atypique.

Une fois assis, la réunion commence. Sur les chapeaux de roues. Ouverture du CIC. Le Centre interministériel de crise. J'ai perdu le fil, mais de ce que je comprends, des foyers de « contestation migrante » – c'est le terme employé par le conseiller Affaires intérieures, un ancien flic devenu préfet ou le contraire – se sont multipliés toute la nuit, de Strasbourg à Peuplingues. La conseillère diplomatique, qui a connu des crises géopolitiques majeures tout au long de sa carrière, temporise. Le Quai d'Orsay est l'école de la temporisation. Le Premier ministre, lui, ne temporise pas. À mesure que les membres les plus éminents de son cabinet exposent la situation, annoncent des RIM (réunions interministérielles), proposent de « mettre dans l'atmosphère » des éléments de langage, de twitter, j'observe chez lui tous les signaux annonciateurs du trouble explosif intermittent. Autrement dit, de la colère. Van Gogh l'observe, lui aussi, de plus en plus inquiet. L'ancien préfet s'arrête au milieu de sa phrase :

— Tout va bien, Monsieur le Premier ministre ?

Non, ça ne va pas bien du tout. À l'heure du chant du coq (fulgurante vision du coq posé sur le bureau du président de la République pour son portrait officiel), les Français vont découvrir des migrants suspendus à des éoliennes et d'autres manifestant sur des autoroutes. D'après l'ancien préfet-flic, il y aurait également un début de mouvement de grève des travailleurs émigrés. Cela signifie : plus d'agents d'entretien dans les entreprises des métropoles, plus de vigiles à l'entrée des grandes surfaces, plus d'infirmières dans les EHPAD, plus de livreurs capables de pédaler sous la pluie pour vous amener des poke-bowls végétariens, plus de conducteurs de premiers métros ni d'ouvriers sur les chantiers. Plus de neurochirurgiens, d'ingénieurs ultra-qualifiés, de prêtres dans les paroisses de campagne non plus. Le conseiller culture en rajoute une couche : plusieurs artistes et écrivains d'origine africaine et asiatique ont été sollicités dans la nuit pour une tribune de presse. Les universités vont se barricader, les théâtres, fermer, les musées sans gardien de salle ne pourront plus protéger les œuvres, les œuvres elles-mêmes menacent de faire grève. C'est la catastrophe. Le mandat est condamné. La dissolution, inévitable. Les prochaines élections ? Perdues d'avance.

Van Gogh coupe court à la tirade du conseiller culture et lance à la cantonade, d'un ton qui ne laisse nulle place aux atermoiements :

— Envoyez vos briques.

Les briques, ciment de la rhétorique, éléments du concret qui façonnent tout discours digne de ce nom.

Puis, à moi :

— Et toi, tu nous fais un discours sans tralala.

Il est temps pour moi de me retirer. Je salue, et recule. Le Cercle Intérieur se referme sur lui-même.

Juste avant que je franchisse la porte de la Pompéienne, le Premier ministre me regarde deux, trois, quatre secondes, sans ouvrir la bouche. Ses sourcils se lèvent et s'abaissent, comme s'il cherchait à ajuster la focale. Puis, d'un seul coup il me lance :

— Viens me voir dans une heure.

Ce n'est pas la première fois qu'il me tutoie, mais c'est bien la première fois qu'il me voit.

05:15

De retour dans mon bureau, je ne vais pas me laisser dépasser. J'arrache Robbe-Grillet du mur et jette la toile sur la table. Aucune alarme ne se déclenche. Robbe-Grillet ne dit plus rien. Je me sens revivre face à mon ordinateur Think Fast. Mon fidèle compagnon. J'allume la radio et une Camel. Mahler, voilà qui est parfait. Puis, je m'allume à l'erguotou, l'alcool des causes désespérées. 43 %, ce n'est pas si fort, ça ne brûle pas, ça brille.

Derrière la fenêtre trouée, j'aperçois un camion de livraison en train de se garer. Imprimé sur la carrosserie isolante du 33 tonnes réfrigéré, un slogan qui déclenche une migraine ophtalmique : « Nova Corpora ». Les livreurs sont deux grands hommes noirs, habillés en noir. Ils déchargent des caisses dont je n'identifie pas le contenu. Est-ce le même modèle de véhicule que les camions qui transportent les migrants à travers le continent européen, ralentissant anxieusement à chaque passage de douane ? Dans moins de 120 minutes, Nova Corpora laissera la place au protocole habituel de la cour d'honneur, les motards de la garde nationale, le médecin militaire avec sa valise de matériel, toute cette foule en costumes foncés et tailleurs sévères qui tourne et grésille comme un essaim d'abeilles que l'on aurait enfumé, le jeune aide de camp impeccable dans son uniforme beige, les conseillers aux pochettes bleues. À l'intérieur : les notes de cadrage, le programme minuté. Le discours. Mon discours. Ou ce qu'il en restera. Puis les portes s'ouvriront et laisseront passer dans un ordre parfait le cortège qui se projettera à l'extérieur de l'enceinte. Peuplingues ou rien.

Télévision allumée, je quadrille du réel. Je ne vais pas me laisser piéger par les parquets cirés et les beaux luminaires. Je regarde de l'autre côté du mur. Maladie, violence, désespoir, fatigue. Certains prétendants au trône élyséen grommellent que des vents contraires font trembler l'édifice de la République. D'autres voient la peur et la colère partout. Les éditorialistes annoncent une crise économique dantesque. D'autres dénoncent la sédition des élites. Le Palais-Bourbon serait perdu. L'école, en faillite. Le pays, gangrené. Au loin, les éoliennes de Peuplingues tournent lentement, des jeunes hommes sont suspendus à leurs échelles de secours. Côté musée Rodin, les *Bourgeois de Calais* ont laissé place aux migrants de Peuplingues, « un vivant chapelet de souffrance et de sacrifice ».

05:17

Subitement, le SMS de ma mère me revient. Comment ai-je pu l'oublier ? Je l'ai bien assez fait attendre. À 5 h 17 du matin, elle est réveillée de toute manière. Je l'appelle.

— Maman, je te réveille ?

— Qui est à l'appareil ? demande-t-elle d'une voix si faible qu'on la croirait encore sous les couvertures.

— C'est moi. Désolé, je n'ai pas pu te rappeler tout de suite. Tu sais, ici, on n'arrête pas.

Je lui demande ce qu'elle avait à me dire de si urgent. Je crains le pire. La maladie, l'accident.

— Je voulais prendre de tes nouvelles, mais je comprends, avec ton travail, tu es très occupé.

Ma mère croit que son fils a réussi sa vie, mais j'aimerais plutôt lui parler de la somme immense de déceptions, d'échecs et de peurs qui m'encombre. Le résultat, c'est qu'à chaque fois que je l'appelle, je coupe court à la conversation dès que je sens que je vais m'épancher. Le moment est venu de lui parler, vraiment, de cœur à cœur :

— Maman, j'ai une question.

Comme elle reste silencieuse, je continue :

— Quel est ton mot préféré ? Le mot de la langue française que tu préfères.

— Je ne sais pas. Je n'y ai jamais réfléchi.

Pour une fois, je reste calme. Depuis que mon père est mort, il faut dire que ma mère est très seule. Elle ne se plaint jamais, mais je sais qu'elle a des migraines fréquentes, qu'elle mange de moins en moins et qu'elle a tout le temps peur d'être de trop.

— Réfléchis, maman. C'est important pour moi. Quel est ton mot préféré ?

Elle me dit son mot. Je le note dans mon carnet, avec des lettres rondes, tracées lentement, religieusement. Je regarde ce mot. Maman raccroche, ou peut-être que c'est moi, je ne sais pas. Je relis ce mot à voix haute, une fois, deux fois. Je le relis dans ma tête. Les phrases commencent alors à affleurer, comme une écriture automatique.

La France est une longue histoire, qui ne doit pas craindre l'avenir.

Elle est une terre d'hospitalité et non pas de défiance.

Elle est un port et non pas une prison.

Mes yeux se lèvent sur la carte de France fanée au mur de mon bureau. J'ai décodé le chiffre caché. La France est une île au cœur de la tempête.

Je structure mon discours en trois grandes parties. La première : Terrain solide. La seconde : Glissement de terrain. J'écarte la fracture sociale, les attaques de l'extrême droite, la crise de confiance pour aller directement à l'essentiel. Dans le Temps et dans l'Espace. L'Espace, les paysages, les routes, les champs, le chemin de fer, les côtes. Les Migrants. Troisième (et dernière partie) : « Aucune douleur n'a de frontières ! » (j'ai piqué ça à Patrick Chamoiseau).

Inspiré, j'ajoute une note personnelle, qui assume la vulnérabilité du responsable politique et crée la précieuse empathie : derrière le sens le plus élevé de l'État, le secret désir de se réaliser soi-même.

Au diable les « briques » ! Je sculpte des nuages.

05:23

Après avoir décroché le portrait de Robbe-Grillet, vient le tour de mon planisphère défraîchi. Posés sur la table, les deux semblent se dévisager en silence comme des amoureux. Il me reste peu de temps pour arriver à mes fins.

Contrairement au rapprochement habituel, la politique est l'exact inverse de la religion. Dans l'une, vous marchez sur l'eau, vous prenez en dactylographie la révélation divine, vous atteignez la sagesse suprême en restant assis sous un ficus ; dans l'autre, vous pensez toucher la terre ferme, et ce sont des sables mouvants. Lorsque vous portez la coupe à vos lèvres, elle est remplie de pierres.

Les migrants ont traversé l'enfer, mais n'ont pas abandonné tout espoir. Ils puisent dans leurs dernières forces pour nous appeler à l'aide.

La lumière de la lune perce les nuages. Elle fait scintiller les lettres de la Déclaration des droits de l'homme et du citoyen, peinte sur le mur de la cour d'honneur pour le bicentenaire de la Révolution. Van Gogh m'envoie un message : « Où en sommes-nous ? » Je pense à la grande tapisserie des pêcheurs, qui m'avait tant marqué le premier jour. Ce filet de pêche semblait lancé sur les dossiers qui encombraient le bureau, les étagères, les commodes, et les journaux posés sur la table basse.

L'heure est venue de remonter les filets. Nul pêcheur dans le tarot, mais le conseil donné par Lao-Tseu fonctionne très bien : « Gouverner un pays comme on cuirait de petits poissons. »

La tentation était grande d'abandonner la partie, d'abandonner l'espérance. Je m'accorde une dernière chance de pénétrer dans le « dedans ». Matignon est un peu ma Cité interdite, mon voyage intérieur. Je souhaite rester comme le héros maladroit du roman de Segalen dont on ne sait s'il est un bouffon, un mythomane, un poids mort – ou s'il détient le secret d'autres magies encore.

Voilà donc mon entrée personnelle au Palais.

Un lieu vide, où se concentre en toute discrétion une énergie, de l'ordre du souffle primordial taoïste – ou biblique. C'est finalement ici, à Matignon, que m'apparaît l'évidence du Souffle. Tout le pays tourne autour de ce lieu à la fois interdit et indifférent, demeure masquée sous la verdure, habitée par des femmes et des hommes que l'on ne voit jamais, c'est-à-dire par on ne sait qui. Matignon, c'est l'empire vide des signes invisibles.

Quand bien même rien ne me prédisposait à venir ici, ce ne peut être un faux pas, ou un simple accident du destin. Je suis là pour une raison précise. Une raison plus secrète que le plus secret des secrets. Le vide est le meilleur allié de la parole, comme le silence est le meilleur allié de la musique. La parole, avant d'être du sens, est un souffle. J'ouvre toutes les fenêtres, celles de mon bureau, du salon bleu, du salon rouge, de la salle du Conseil, de l'antichambre.

Matignon à tout vent, envahi par le vide primordial.

05:27

Van Gogh débarque dans mon bureau et tombe en arrêt face au portrait de Robbe-Grillet, en plein milieu de la table. On le voit encore plus qu'avant, lorsqu'il était sagement accroché au mur.

— Qu'est-ce que c'est que ce truc ?

— Alain Robbe-Grillet, l'inventeur du Nouveau Roman.

— C'est toi qui l'as mis là ?

— Tu rigoles ? Je ne rêve que d'une chose : le voir disparaître.

Van Gogh sort un cran d'arrêt de sa poche de costume, fait jaillir l'éclair de l'acier. Mon heure a sonné. Il va me saigner. Il se contente de planter la lame dans la toile et découpe le tableau. Il enroule Robbe-Grillet sur lui-même.

— T'aurais dû m'appeler avant. C'est comme ça qu'on règle les problèmes chez moi.

Je ne sais pas où se trouve son « chez-moi », alors il me raconte son enfance dans l'Est, élevé par sa mère parce que son père travaillait trop loin, avec des horaires d'usine. Il soulève sa chemise et me montre une cicatrice qui barre son abdomen :

— Mon premier coup de couteau, je le dois à mon vieux.

Moi qui l'imaginais d'une famille aisée, je découvre un autre Van Gogh, rescapé de son enfance. Je lui propose un coup de Red Star. Il descend la bouteille cul sec et me demande si j'ai une clope. Ça alors ! Je lui tends mon paquet de Camel. Flash du Zippo dans les dernières lumières de la nuit. Il me souffle sa fumée au visage.

— Maintenant, montre-moi ce que tu as.

05:30

Van Gogh m'a laissé seul à seul avec mon ordinateur. Le silence pèse. Je perçois au loin le bruit de la pendule du salon bleu qui marque la demi-heure.

J'entends même la vibration des pampilles en cristal du grand lustre. Le Premier ministre fait les cent pas dans son bureau. Cette musique minimaliste rivalise avec l'ouverture du concerto pour violon et orchestre de Philip Glass, créé à New York en 1987, quelques mois avant un *krach* boursier majeur lié à l'emballement des systèmes informatiques. Le « lundi noir ». Ici, c'est le matin noir.

Je guette le soleil au fond du ciel, encore plongé dans la pénombre.

05:34

Même le soleil hésite à se lever. D'ici deux heures, on m'aura coupé l'eau, l'électricité, le gaz… mais je serai toujours là. Tant que mon discours n'est pas terminé, je reste.

Wang Chong définit ainsi l'espèce humaine : « L'homme appartient au groupe des trois cent soixante animaux à peau lisse dont il constitue l'espèce la plus noble. Bien qu'il soit le seul parmi les myriades d'animaux à être doué d'entendement, tous n'en possèdent pas moins un destin conféré par le ciel et une vitalité procédant d'une même origine. »

Le message est clair. Nous sommes des animaux à peau lisse. La douceur des marbres de notre voisin Rodin m'inspire un sentiment de gratitude. Une gratitude qui s'épand comme l'univers. Cette humanité tranquille dans la main de l'artiste fait écho au silence de plus en plus lourd à mesure que la nuit s'éclaircit. Comme ce silence est étrange. J'ouvre grand la fenêtre et me penche, à la recherche du ciel. Par-delà le mur d'enceinte, la ville dort toujours d'un sommeil profond. Une fois encore, me voilà assailli par les sombres visions de Robert Kirkman dans *The Walking Dead.* La violence est contrebalancée par la quiétude de la nature. Les jardins sont pleins de créatures insomniaques qui donnent vie aux fourrés. Wang Chong est précis en la matière : « Les gémissements de dix mille hommes ne parviendront jamais à ébranler le ciel », et pourtant la planète a changé de fréquence vibratoire.

Je prends connaissance, stupéfait, d'une note de la conseillère diplomatique consacrée à « la bascule spirituelle de l'échiquier géopolitique ». Des États réputés très rationnels sont désormais gouvernés par les clergés. L'Inde, les États-Unis, le Brésil, mais aussi plusieurs pays européens. Hindouisme, christianisme, islam fondamentaliste, bouddhisme, charismatisme, survivalisme, animisme. Les gouvernements nouveaux s'installent dans des souterrains, abris antinucléaires, systèmes de filtration sanitaire. Les *preppers* ont accédé aux plus hautes responsabilités. L'obsession actuelle est de se préparer à l'apocalypse. Les communautés autogérées fleurissent partout sur la planète. Depuis peu, une théorie bizarre s'est mise à circuler, selon laquelle les vibrations du chakra du cœur, au niveau du plexus solaire, auraient modifié leur rythme et que l'humanité allait « changer d'ère ». Nous renouons avec le millénarisme.

Pendant que nos congénères s'enterrent, une nouvelle mission de la Nasa est lancée vers Mars. Le nom de l'astromobile chargée de ramener des échantillons de la planète rouge sonne comme un code secret jailli de l'infini : *Persévérance.*

À moitié penché par la fenêtre, je fouille le ciel pastel à sa recherche.

Persévérance ignore tout des migrants, de leurs vies échouées à quelques centaines de millions de kilomètres de distance. Elle s'éloigne, à moins qu'elle ne se rapproche

– exactement comme le ferait la seule carte non numérotée du tarot, le Mat. Tel *Persévérance*, le Mat avance dans l'inconnu avec calme et détermination. Il est le pèlerin, libre et heureux. Lena m'a expliqué que, dans un tirage en croix, le Mat évoque un élan d'énergie particulièrement grand.

Persévérance est donc le contre-hasard, l'espérance des désespérés. Matignon est un casino paumé dans l'espace intersidéral, avec des colonnes en stuc et des fontaines de lumière. On y joue, jour et nuit, comme si on avait le pouvoir de défaire le destin. Tout est calculé pour maintenir le joueur éveillé, pour l'extraire de la réalité, y compris de sa propre réalité : l'éclairage, la température, l'humidité de l'air, le niveau sonore, la stimulation cérébrale, la texture de la moquette et des fauteuils.

05:45

Révélation probablement due au cocktail cognac-Red Star-saké : le cosmos est engagé dans une guerre secrète entre les forces de l'action et celles de l'écriture. Ce qu'il nous faut achever, c'est la réconciliation de ces forces.

Dans la guerre secrète, il y a plusieurs techniques. Combat rapproché, combat de soutien, guerre d'offensive, guérilla, attaque mentale, retraite apparente, non-agir. Le non-agir est l'une des armes les plus redoutables quand on sait s'en servir. Il consiste, par le vide et l'absence d'action, à provoquer une réaction en chaîne qui se retournera contre l'ennemi, ou détruira sa confiance. Au Dog and Duck, en plein Soho, à Londres, George Orwell avait une méthode sensiblement comparable : descendre des pintes de bière tout en écrivant *1984* dans la salle du fond, une flamme d'optimisme grandissant dans son regard.

Et pourtant l'humanité, comme le modeste employé du roman d'Orwell, est prise dans une vague de catastrophes en série. La population flottante des migrants, des pauvres, des bannis croît davantage chaque jour, pendant que les autres érigent des forteresses, une seule et immense *gated community* où vivre parmi ses semblables. Le monde devient une ruche dont chaque alvéole est murée. Les migrants, perchés en haut de leurs éoliennes, essayent de trouver la sortie. Cigognes qui volent par-dessus les murs. Faut-il se décourager ? Baisser les bras ? Préparer une offensive nouvelle ? L'un des *Trente-six stratagèmes* apporte un début de réponse :

Attendre en se reposant que l'ennemi s'épuise.

L'art subtil de la guerre consiste à toujours agir dans l'ombre, en secret, sans éclat, mais avec une efficacité d'autant plus redoutable que l'on se meut dans l'*insu*.

Un garde républicain m'apporte un verre d'eau et un cachet d'aspirine – ces types sont décidément au courant de tout – et me demande de le suivre. Je crois à tort que le Premier ministre m'attend, mais non, c'est monsieur Bobo.

05:49

Le marabout est bloqué au poste de sécurité. Comme il n'a pas de passeport et que sa valise est pleine d'objets non identifiés, les gendarmes se montrent réticents à le laisser passer.

— Je suis revenu pour vous aider. Il vous reste une seule chose à faire.

Je lui demande quoi.

— Vous avez bu ? me répond-il.

— Pas une goutte. Est-ce que vous voulez entrer ?

Il décline mon invitation, m'expliquant qu'il doit aller à son second travail : technicien de surface au Haut-Commissariat au Plan, à quelques minutes de là.

— Il faut vivre dans la lumière de la vérité spirituelle.

— Que voulez-vous dire ?

— L'artiste n'a qu'à regarder un visage humain pour déchiffrer une âme ; aucun trait ne le trompe, l'hypocrisie est pour lui aussi transparente que la sincérité ; l'inclinaison d'un front, le moindre froncement de sourcils, la fuite d'un regard lui révèle les secrets d'un cœur.

— Vous parlez de qui ?

Nous nous tenons devant le portail du 57 rue de Varenne. Monsieur Bobo fouille dans sa valise.

— Même dans la souffrance, même dans la mort d'êtres aimés et jusque dans la trahison d'un ami, le grand artiste, et j'entends par ce mot le poète aussi bien que le peintre ou le sculpteur, trouve la tragique volupté de l'admiration.

Il me tend un bidon de 25 cl d'essence et un sachet de billes d'encens « de Saturne ». Il reprend, une octave plus bas :

— L'extase est parfois terrifiante, mais c'est encore du bonheur parce que c'est la continuelle adoration de la vérité.

Monsieur Bobo fait volte-face et disparaît à l'angle de la rue dans un nuage de fumée rose et jaune.

05:59

Hypocondriaque du petit matin, collapsologue optimiste, je suis abonné à tous les fils météo. Météo France vient d'annoncer, en catastrophe, une tempête. Comme toutes les tempêtes, celle-ci a été baptisée. Troublant. Elle s'appelle Athéna, a déjà fait souffler des vents déments sur l'Atlantique et atteindra les Hauts-de-France d'ici une heure. Les migrants, perchés au sommet des éoliennes, sont en danger de mort. Il faut agir.

Armé de mon discours bâclé, troué, nébuleux, je vais voir le Premier ministre. Celui-ci se tient derrière son bureau, en costume et cravaté. Lena et Van Gogh sont assis à la table en plexi à côté de la fenêtre à double battant. Le chef du cabinet militaire est convié. Ce général ultra-décoré (Djibouti, Somalie, Bosnie, Afghanistan) rassure tout le monde. C'est un homme sage, modéré, qui a connu le feu de la guerre froide et aspire à des solutions pacifiques. Il lit beaucoup et adore les maquettes de porte-avions.

— Mon général, comment voyez-vous la situation ? demande le Premier ministre qui tend la main pour s'emparer de mon discours en m'adressant un clin d'œil complice – à sa manière.

— De mon point de vue, Monsieur le Premier ministre, pas de quoi s'affoler. Quand j'étais à Kaboul…

Van Gogh soupire ostensiblement. Le général se reprend :

— L'armée peut se déployer pour la prise en charge humanitaire. Nous pouvons monter un hôpital de campagne. On a l'habitude.

— Très bien, et après, on fait quoi ?

Le Premier ministre me regarde, puis examine le discours que je viens de poser en douce devant lui. Interligne double, dix pages. Il lit. Nous retenons notre respiration. Il marmonne. Il demande un stylo « qui marche » à Van Gogh (en aparté : « C'est quand même étonnant que pas un stylo ne fonctionne dans cette maison »), il se met à tracer des lettres de l'alphabet grec dans les marges, des flèches, à relier les éléments entre eux.

Puis :

— C'est quoi, cette histoire de Robbe-Grillet ?

Calamité. J'ai eu un moment d'inattention. La littérature va encore me mettre des bâtons dans les roues. J'explique que c'est sans doute une erreur, un oubli, un dérapage.

— Non, c'est très bien. D'habitude, les citations, moi… Mais là, je trouve que ça marche, cette quête de l'identité. C'est quoi, l'identité ? Hein, mon général ? C'est quoi, mon identité, à moi ?

Van Gogh ne semble pas du tout d'accord. Il s'insurge :

— Ce n'est pas un discours à la Sorbonne non plus !

— Et alors ? Ils sont trop cons pour comprendre la philo, les migrants ? Ils ne sont pas capables de lire les livres de monsieur Robbe-Grillet ?

Il continue à lire.

— Pas mal, le coup de monsieur Bobo.

Van Gogh s'étrangle. Il ne s'attendait pas à ça.

— Je peux avoir une copie de ce discours ?

— Ne sois pas si impatient.

J'interviens.

— Monsieur le Premier ministre, s'il vous plaît, la tempête…

— Quelle tempête ?

Je comprends que personne ne lui a parlé d'Athéna. Je lui tends mon téléphone, avec l'appli Météo France qui diffuse des alertes rouges en mode *Apocalypse Now*. Je suis soufflé. Lui aussi.

Réplique classique :

— Pourquoi personne ne me dit jamais rien ?

Il déborde, se lève comme un ressort. Van Gogh se saisit du discours et fonce vers le secrétariat de permanence. Lena s'est levée, elle aussi. Elle regarde le jardin. Il ne faut pas croire que ma mission s'arrête ici. La phase de réécriture, d'effacement de tout ce qui a été écrit, est plus importante encore.

06:07

Comme prévu, le portail s'ouvre. Un véhicule de couleur sombre, phares en veilleuse, surgit. Le « siège » – un officier de sécurité dédié à la protection rapprochée – est assis à côté du chauffeur. L'heure a sonné : le Premier ministre met le cap sur Peuplingues. Météo France a fait un point complet. Le préfet a reçu des ordres précis. Le convoi se met en route, direction Villacoublay, base 107. Le Falcon est déjà prêt au décollage. J'entends l'escorte s'éloigner. Je vais enfin pouvoir souffler.

J'ai photocopié le discours. J'envisage d'offrir mon testament politique à monsieur Bobo, ou bien à la petite fille de L'Orient d'Or. Un de ses lointains ancêtres, Chongzhen, seizième et dernier empereur de la dynastie des Ming, nous a adressé le meilleur des conseils : il faut savoir partir au bon moment. Tout au long de son règne, il a essayé de redresser la situation catastrophique de l'Empire. Il s'était entouré pour cela des meilleurs serviteurs de l'État, des plus intègres des fonctionnaires-lettrés. Ses efforts arrivèrent trop tard. L'Empire était condamné.

Le 25 avril 1644, à 5 heures du matin, il se dirige vers la Colline du Charbon qui surplombe la Cité interdite.

Sur le dos de son manteau, il écrit au pinceau la note suivante :

Faible et de petite vertu, j'ai offensé le Ciel. Les rebelles se sont emparés de ma capitale grâce à la trahison de mes ministres. Honteux de me présenter devant mes ancêtres, j'ôte mon bonnet impérial, mes cheveux épars tombent sur mon visage.

Puis il se pend. L'antidote absolu ne s'obtient qu'à ce prix. Celui de la sincérité. Mettre sa peau sur la table, monter au sommet de l'éolienne en pleine tempête. Je me retire, même si je sais qu'on ne s'éloigne jamais. Ou alors, plus facilement, je pourrais prendre mon destin en main, ôter mon bonnet de sous-plume. J'hésite entre les arbres du jardin et les éoliennes, là-bas, au loin.

Avant de franchir le seuil fatidique, je me rends au Pavillon de Musique, tout au fond du grand parc de Matignon, pour faire une sieste. Une gueule de bois carabinée s'est substituée à mes rhumatismes. C'est l'endroit idéal pour assister au discours du Premier ministre à Peuplingues. J'emporte mon carton dans lequel j'ai glissé le portrait de Robbe-Grillet et ma carte de France. Je ferme derrière moi et pour la dernière fois la porte de mon bureau. D'ici une heure, mes presque anciens collègues arriveront, avec leurs soucis, leurs inquiétudes, leurs arrogances écrasées par le réel. Les migrants seront déjà derrière eux. Ils jetteront un coup d'œil à mon antre déserte, à la bouteille de saké vidée dans la corbeille à papier et ils en concluront que je suis parti, effacé, disparu, expulsé de l'organigramme. En vérité, je serai là, plus que jamais présent, retourné à l'état sauvage, réintroduit dans mon environnement naturel.

Le ciel, au lieu de se lever, est plus sombre encore que cette nuit. La tempête Athéna a éteint les lumières. Une pluie fine tombe à la verticale, poussée par les vents qui lui font une prise de judo *O-soto-gari*, « grand fauchage extérieur ». La pluie est un hydrométéore, personne ne sera donc étonné de sa puissance, même discrète.

Dans mon livre de Segalen : « Nous allons dans la ruelle, sous la fraîche douche de lune, pluie éblouissante dans le Ciel lucide du Pei-King d'hiver. C'est un clair pénétrant. Des ombres violettes. » La conjonction de la lune et de la pluie crée donc des « ombres violettes ». Tous les symptômes de l'excès d'alcool sont là : vertige, confusion de « Pei-King » en « Peuplingues », sang battant contre mes tempes, transpiration moite, tension artérielle, confusion chromatique.

J'aspire de grandes bouffées d'air matinal et me promets, dès demain, de me mettre au jus de citron et à la lucidité.

06:10

Musō Soseki pratiquait-il cet art de l'observation de la lune entre 6 et 7 heures du matin, dit « Tsukimi » ? Ce Japonais né en 1275 vécut toute sa vie dans différents monastères. Sa technique de méditation était très simple : rester assis, jambes croisées, yeux fermés, et ne penser à rien. Aujourd'hui, la méditation est devenue un phénomène paranormal de société, à l'image du yoga. Des applications sont développées, les gens zénifient tous les jours, chez eux, au bureau, dans les transports en commun. Les banques financent des programmes de pleine conscience pour leurs clients, et même pour la police nationale. Après avoir dispersé les migrants et déchiré leurs tentes de fortune pour s'assurer qu'ils ne reviennent pas de sitôt, les policiers pourront donc retrouver leur calme et accéder à la plénitude.

Je retrouve l'enveloppe que monsieur Bobo m'a fourrée dans la poche : à l'intérieur, des boules blanches avec une odeur très forte d'encens et un RIB, pour nos transactions futures. Un papier plié en deux, une instruction simple : « À jeter dans le brasier. » Au fond de l'enveloppe : un cachet de Doliprane 1 000 mg. Monsieur Bobo pense à tout.

Derrière le rideau d'hydrométéore tiré par Athéna, la douce lune du matin, pâle comme Daisy dans *Gatsby le Magnifique*. Je vais donc effectuer un rite dans lequel les Japonais – encore eux – excellent : le *shinrin-yoku*, autrement dit, le « bain de forêt », dont la force sera décuplée par la contemplation du ciel. Cette pratique est inventée par le ministère japonais de l'Agriculture, des Forêts et de la Pêche au début des années 1980, alors que le Japon entre dans une bulle spéculative aux effets dévastateurs. Lorsque cette dernière éclate, c'est la crise. Les scientifiques nippons accélèrent leurs recherches sur le *shinrin-yoku*. La population est en danger. Les faillites se multiplient. Le risque de suicide n'a jamais été aussi élevé. Le gouvernement reçoit les résultats des études : après seulement quarante minutes de marche *consciente* en forêt, le rythme cardiaque et la pression artérielle ralentissent. Le stress diminue. Des idées agréables surviennent. La maladie s'éloigne. Le Japon investit quatre millions de dollars entre 2004 et 2012 pour financer de nouvelles recherches. On découvre grâce à cela que le *shinrin-yoku* active le renforcement des défenses immunitaires grâce à l'inspiration des phytocides, molécules sécrétées par les arbres pour se défendre contre les bactéries. Il permet également une baisse de l'agressivité et du risque de dépression. Certaines essences ont des effets particuliers et diminueraient les symptômes de la solitude moderne.

Aujourd'hui, au Japon, plus d'une soixantaine de zones ont été décrétées « bases thérapeutiques ». Des praticiens spécialement formés au *shinrin-yoku* y accueillent des participants nuit et jour. Je vais donc, sans plus tarder, pratiquer un *shinrin-yoku* dans les jardins de Matignon.

Je dépose mon carton et mes chaussures sur le perron, puis descends parmi les allées d'osmanthes. Ce petit arbuste à fleur blanche désigne en chinois la lune, sur laquelle, selon une légende, pousserait un cannelier haut de 5 000 pieds. Pieds nus, je marche avec une lenteur extrême sur la pelouse. Je laisse aller mes mains à effleurer les bosquets, l'écorce des arbres. Je cueille au passage une feuille d'*Osmanthus x Fortunei*, « osmanthe de fortune hybride ». Je vais jusqu'à l'immense hêtre pourpre, âgé d'un siècle et demi. 21 mètres de haut. La lumière du matin se dépose sur son feuillage, vert sous la ramée, rouge tendre à l'extérieur. Je reste là assez longtemps, assis sur la terre humide. À un moment donné, une fenêtre des appartements privés – peut-être la bibliothèque avec ses volumes rares – s'allume. Je demeure dans l'ombre du hêtre, absolument immobile. Je me surprends alors à avoir une sorte de *vision*. La lumière de l'aube s'est transformée en une pluie de flocons dorés qui tombe sur Matignon et, comme un grand *shinrin-yoku*, diminue son agressivité et renforce ses défenses immunitaires. Je suis dans le jardin mystérieux.

Une chouette hulotte s'envole dans un silence de lumière blanche et se pose en haut du hêtre pourpre.

06:17

Un zombie m'attaque. Cette fois-ci, je suis mort. Je ne peux même pas me défendre. Le strigiforme aux grands yeux me nargue depuis ses hauteurs branchues. Ah, non, c'est seulement Conrad.

Celui-ci a développé une technique spéciale de ninja : le déplacement furtif. Il a surgi d'un bosquet, tête baissée, armé d'un long sabre japonais. Son regard est celui d'un chevalier de la table ronde ou plutôt, dans son cas, d'un *rōnin*, ces samouraïs errants de l'époque féodale.

Il sort d'un geste rapide et majestueux son katana et dessine d'étranges arabesques, comme s'il voulait couper en deux les gouttes de pluie. Il marmonne des paroles indistinctes, des sons primitifs surgis de l'épaisseur de l'air, respiré par les arbres sombres. Il s'entraîne.

— La plume a le tranchant du sabre.

Je m'apprête à faire l'expérience de la réalité poussée à un tel niveau d'intensité qu'elle devient irréelle. Qu'elle se retourne sur elle-même. Je lui demande ce qu'il pense de la dernière version de mon discours.

— Tu n'as donc toujours pas compris comment ça marche ?

Pour Conrad d'Alençon, la politique est un jeu de go, fait de chaînes et de libertés. En époussetant sa veste Louis XIII, il me regarde avec désolation. Conrad est réputé être le seul conseiller à pouvoir tout dire au Premier ministre, même et surtout ce qu'on préférerait taire. Je jette un coup d'œil à sa chevalière, avec ses armes d'or à deux bandes.

— Il est préférable de tout voiler d'une pénombre indistincte.

— Mais les chiffres, le pragmatisme, la souffrance humaine des migrants, ça n'a rien à voir avec la pénombre indistincte.

Je suis sur la défensive. Conrad s'en délecte.

— L'or éclaire la pénombre intérieure sans rien perdre de sa brillance…

Il m'annonce, avec des airs de yakuza, que je suis « sorti d'affaire ».

— Ton discours ne sera pas lu, mais il est ton permis de sortie. Tu t'es enfin libéré de ton effroyable côté petit fonctionnaire apeuré. Tu sais à quoi tu me faisais penser ?

J'en ai un peu assez. Je me baisse pour récupérer ma caisse et m'avance dans le jardin. Conrad reste sur le perron. Il crie :

— À un singe en costume qui marche sur la corde raide, au-dessus du vide.

06:19

Le parc se réveille, mon corps aussi. Le doliprane fait effet. Ma migraine s'évapore.

Je ne reviendrai jamais ici. C'en est bel et bien terminé des conversations à rallonge, des incessantes réunions, des notifications vibrantes et trébuchantes des terminaux informatiques. La société est atteinte d'une hystérie communicative. Il lui faudrait de puissants anticorps. Nos concitoyens sont la proie d'horribles tentations. Pendant qu'ils passent leur vie sur les réseaux sociaux, l'Écran est à l'œuvre. Son premier objectif est l'amnésie, ou le remplacement de l'émotion intuitive et cultivée par la mémoire des algorithmes. L'Écran est une cellule omniprésente.

L'antidote à l'Écran a été découvert par Rodin sous la forme du célèbre *Penseur* qui domine la porte de l'enfer. *Le Penseur* est un être engageant tout son corps dans l'acte de penser. C'est le corps de l'anticorps, mais pour l'approcher, il faut entrer dans la nuit la plus noire. Face aux ombres, les Penseurs sont là, comme autant de guetteurs, prêts à bondir.

Corps de l'État, corps social, corps des migrants entassés les uns sur les autres, corps zippés dans une housse en plastique, corps meurtris. Corps à la fois singulier et pluriel. La politique, comme la vie, est d'abord une question de corps. Voilà au moins un truc qui ne nous encombrera pas pour l'éternité.

Mon corps aurait besoin de quelques minutes de sommeil, mais d'un sommeil très profond et sans rêve.

06:19:30

J'ai laissé à Conrad ma petite tortue en jade qui rejoindra son bestiaire. Je ferai livrer tout à l'heure à Lena une rose blanche « Midsummer Snow », connue pour sa robustesse, et un tirage argentique d'une des vues de la planète Mars rapportées par *Persévérance* : une grande plaine de roches ocres et une colline à l'horizon. Quant à la plume, je la lègue à qui veut la prendre.

La page est blanche. Couleur de la neige au milieu de l'été, de la plume sur une boîte de Kleenex « ultra-soft ».

Retranché dans le pavillon de musique, j'allume dans la cheminée un autodafé funéraire avec l'archive de mes notes, que j'ai rassemblées dans trois de ces gros classeurs typiques des administrations publiques. J'hésite à jeter dans les flammes le livre de Segalen, mais je dois vérifier une dernière chose. Je tourne les pages, frénétique, à la recherche du code secret.

Une rumeur qui se fait chant : un vaste bruit dont un hymne sourd : Thibet !

Le chœur guttural des moines de Lhassa résonne dans ma tête. Voilà : le Tibet, c'est ce qui échappe, mais c'est aussi un idéal, une utopie concrète, qu'il n'est pas impossible d'habiter un jour, mais dont le chemin est parsemé d'obstacles. Rares sont les explorateurs à l'avoir pénétré.

Matignon n'est pas l'enfer. Matignon, c'est le Thibet ! Avec un -h, évidemment. Forteresse assiégée par le réel, point de départ et d'arrivée du grand labyrinthe.

06:20

On pourrait croire cette histoire gaiement terminée. Le Premier ministre, rejoint par cinq ou six autres membres de son gouvernement, sur le terrain d'ici une heure. Lena, privée de cartes de tarot et de future épouse. Conrad, aiguisant avec minutie la lame de son sabre japonais. Van Gogh, réconcilié avec lui-même grâce à l'alcool Red Star (je demanderai aux buralistes de la rue du Bac d'assurer un ravitaillement régulier). Robbe-Grillet replié sur lui-même. *Happy end.*

Mais Athéna fait des ravages. Elle a dévasté l'île de Ré, où s'était retiré Sollers. Depuis trois heures, ce dernier est injoignable. Je l'imagine, emporté par une vague-submersion alors même qu'il s'approchait de la digue. Athéna aurait kidnappé mon mentor en pleine nuit.

Je me sens inquiet au point d'oublier tous mes plans. J'enlève une fois de plus mes chaussures et m'allonge sur le canapé, télévision allumée sans le son. Je ne sais si je dors déjà, mais je vois autour de moi des femmes, des enfants, des hommes avec, en arrière-plan : les éoliennes.

06:52

La tempête s'abat sur le pavillon. Portes grandes ouvertes, rideaux bombés par le vent, la pluie jusqu'à mon visage. J'ai dû m'endormir sans m'en rendre compte. Je sursaute dans ce costume bleu nuit que je portais déjà le premier jour, chemise froissée, moitié sur le divan à côté du piano, moitié par terre. Flotte une odeur de papier et de plastique brûlé. Un courant d'air un peu vif fait battre les pages de *René Leÿs*, rescapé de mon bûcher. Le roman s'ouvre et je lis : « Rien ne s'est passé durant la nuit. Rien ne s'est fait. Pei-King, pour la première fois, m'a déçu : Pei-King n'a pas brûlé cette nuit ! »

Comment être certain que rien ne s'est passé durant la nuit ? Comment être certain que la capitale impériale n'a pas disparu dans les flammes ? Et si Pei-King est indemne, qu'en est-il de Peuplingues ? Le manteau de marbre de la cheminée est recouvert de cire de bougie. Je contemple, le regard encore trouble, le lustre de bronze doré et de cristal au-dessus de moi. Une méduse en apesanteur. « Méduse », en ancien grec, vient du verbe *μέδω*, « prendre soin, protéger, régner ». Cette méduse de cristal me protège, mais attention de ne pas croiser son regard.

Je me suis rarement senti aussi détendu, aussi heureux. L'inverse exact de *pétrifié*. Éveillé.

Avec la tempête Athéna, les oiseaux – merles, rouge-queues, moineaux, étourneaux, mésanges – restent à l'abri dans les feuillages épais, mais je les entends. J'aperçois, niché sur la glacière – qui servait autrefois à conserver les aliments –, le manteau roux d'un faucon crécerelle, prince des oiseaux d'Égypte, symbole du principe céleste et attribut de Rê, créateur de l'Univers. Je m'assois sur un banc trempé de pluie, près du portail de la rue de Babylone. J'écoute. Je respire à fond. L'air mouillé entre dans mes poumons, irrigue tout mon corps. Je le sens descendre jusque dans mes orteils, jusqu'au bout de mes mains. Inspiration lente, profonde. Concentration sur le point entre mes deux sourcils. Les muscles de mon visage se détendent. Expiration tranquille. Le sang circule.

Machinalement, je consulte mon courrier électronique. Stupeur : un courriel de Sollers. Il m'a envoyé ce message juste après notre conversation. Le voici, en version intégrale :

> *L'excellent orateur a un discours sans faille,*
> *Voilà le secret essentiel.*

Je note. Au fond du parc de Matignon, sur ce banc, mon téléphone grésille. Il prend l'eau. Je crains le court-circuit et m'empresse de le ranger dans ma poche. Pour quitter ce lieu – car tout a une fin –, je prends l'allée de gauche. Le gravier crisse sous mes pas. J'hésite à courir dans la grande prairie et à m'allonger sur la terre humide pour mieux écouter le chant des oiseaux.

Au détour d'un bosquet, sous un tapis de lierre, deux petites tombes surmontées d'un magnolia. L'une d'elles porte l'inscription : « Mime, 1898, *Wachsam und treu* », ce qui signifie : « attentif et sincère ». Ces deux tombes de chiens « attentifs et sincères » datent du temps où Matignon était l'ambassade d'Autriche-Hongrie, sous le Seconde Empire.

Est-ce que je vais bien ? Est-ce que j'éprouve une souffrance indicible ou une sombre jouissance ?

Il va être sept heures du matin. Au loin, Claude, le fidèle intendant de plusieurs générations de Premiers ministres, hume l'air du parc depuis la terrasse du perron. Il profite de ce rare instant de la journée où la paix est éternelle. Je longe l'allée de tilleuls, prenant soin de saluer Pomone, divinité des fruits, qui règne sur la grande partition verte, violette et orangée du jardin. Cette nymphe ne se laisse pas facilement approcher, mais nous sommes liés par un pacte secret, une sorte d'amitié entre la pierre et la chair. Je lui demande une faveur – qu'elle m'accorde – sans la moindre hésitation : me laisser m'imprégner de la joie des arbres, des mousses et des herbes folles. Puis je me dirige vers la salle du Conseil. Un dernier coup d'œil pour Méléagre, le héros de la chasse, épris d'Atalante. Les histoires d'amour sont compliquées, surtout pour les divinités.

Je traverse d'un pas rapide la salle du Conseil. Arrivé en bas de l'escalier d'honneur, je demande au garde républicain en faction l'autorisation de déposer un mot d'adieu. Celui-ci jette un œil au registre relié pleine peau où il consigne les allées et venues. Il note mon nom, sans rien montrer de sa suspicion puis, d'un signe de tête, me laisse passer. Je gravis les premières marches de l'escalier d'honneur.

Je m'arrête. Ne pas insister.

06:57

Le portail immense du 57 rue de Varenne dévore à grandes bouchées l'aube naissante. Dehors, Paris est calme. La ville n'a pas brûlé. Le gendarme de la Garde républicaine ne me remarque pas. D'ici quelques instants, je cesserai d'exister pour lui, comme aux yeux de tous ceux que je laisse derrière moi ; déjà, cette dernière nuit à Matignon devient, comme tant d'autres choses ici, une marque de ma disparition.

Je contemple une dernière fois cette large bâtisse dont les lointains commanditaires furent ruinés avant la fin des travaux. Même son repreneur, qui a donné son nom à Matignon, est mort sans avoir pu jamais s'y installer. Ces débuts malheureux présageaient-ils d'une malédiction durable ? Celle d'une maison hantée par la ruine ?

Les premières lumières du jour se reflètent sur les hautes fenêtres du premier étage. Une silhouette glisse sur la droite, mais quand je la cherche du regard, elle a déjà disparu.

J'emporte *René Leÿs*. Je le palpe dans ma poche de costume, petit volume aux pages poisseuses et tachées d'encre, édition originale de 1922 aux éditions G. Crès et Cie, au 21 rue Hautefeuille, avec son dragon de papier rouge découpé sur la couverture et ce tréma intrigant sur le -y du titre.

Légèrement désorienté, je trouve refuge à L'Orient d'Or. Ma surprise est grande d'y retrouver monsieur Bobo.

07:00

Le Premier ministre est sur place. Après l'accueil républicain avec les huiles locales, il a tout de suite demandé à rencontrer les migrants et les associations. Lena et Van Gogh restent en retrait. Ils savent que la politique est une question d'instinct et non de mathématique. La prise de parole est annulée. Il s'est contenté de dire aux journalistes : « Ce n'est pas du cinéma. » Je suis sans doute le seul à avoir compris.

Avec monsieur Bobo, qui a finalement posé ses RTT, nous suivons tout cela à la télévision, assis au comptoir de L'Orient d'Or devant un expresso, avec la calligraphie et l'écolière chinoise en train de manger un bol de céréales. La porte de l'Enfer ouvre sur le Paradis. Je suis là, vivant, survivant, plus jamais seul… J'avais craint, et d'autres avaient craint pour moi, de n'avoir pas été à ma place, mais je comprends que, contre toute apparence et à l'opposé des mensonges, j'ai accédé au *dedans*. À la différence des migrants qui traversent la France et dont les éoliennes sont le dernier espoir, la souffrance fut pour moi une illusion passagère. Comme la peur, qu'il faut tuer, et tuer une seconde fois si elle bouge encore…

L'écolière couche-tard lit à haute voix le discours. Tout le monde écoute. Son cartable bleu turquoise avec le portrait d'une licorne sur fond d'arc-en-ciel est posé au pied du comptoir. Elle relève le nez et termine, avec une gravité théâtrale :

— Aucune douleur n'a de frontières.

Nous ne sommes plus les seuls clients. Les ouvriers d'un chantier voisin font leur entrée. À eux trois, ils ont traversé plusieurs océans pour couler du béton à Paris. Sur l'écran de télévision, on voit désormais le Premier ministre en train d'enfiler un casque jaune, un baudrier d'alpinisme avec des mousquetons de sécurité. Il se dirige vers l'entrée de l'éolienne. Un chasseur alpin l'accompagne. Les trois ouvriers sont stupéfaits.

— C'est le Premier ministre qui va chercher les migrants ?

Les télés sont au bord de l'hystérie, c'est l'image du siècle : un responsable politique de cinquante-cinq ans en train de grimper sur une éolienne pour rejoindre des migrants enchaînés sur le toit de la nacelle de contrôle, à cent mètres d'altitude, en pleine tempête. Le voilà, CLING-CLING-CLING, l'exploitant a arrêté les pales, mais, avec la tempête, tout tremble au sommet du mât de cocagne. Il bondit en dehors de la trappe, le chasseur alpin le retient d'une main posée sur son harnais, les cinq migrants serrés les uns contre les autres sur la nacelle ne bougent pas, ils le regardent s'avancer vers eux, CLING-CLING-CLING. À présent, les images sont sur toutes les télévisions du monde : CNN, Al Jazeera, la China Central Television diffusent en direct l'événement. Le Premier ministre, arc-bouté contre le vent qui attaque en bourrasques, atteint le groupe de migrants et cherche à leur tendre la main. Ils se sont levés, et reculent vers... la mort ! Le Premier ministre hurle. Il y a trop de vent pour que les micros des caméras embarquées dans les drones et les hélicoptères puissent saisir quoi que ce soit, mais moi, je sais ce qu'il dit : « Nous ne sommes pas en guerre contre ceux qui ont fui la guerre. » Le livreur-chirurgien malien passe à vélo devant le bar-tabac. Il se gare, entre et commande un thé vert.

Je l'interroge :

— Dites-moi, vous n'êtes pas fou ?

— Pourquoi voulez-vous que je sois fou ?

— Vous roulez toute la nuit.

— J'ai des insomnies, c'est tout. Alors, je fais du vélo.

— Mais vous livrez des hamburgers ?

— Non. J'ai arrêté. Dans mon panier Thermos j'ai des livres. Poésie, médecine, méthode de chinois.

Il prend des cours de chinois ici même, tous les matins, avec la mère de la fillette, pendant que le mari vend les cigarettes.

— Et vous ?

— J'envisage une reconversion.

À la télévision, on voit le Premier ministre, la main devant les yeux. Des rayons jaillissent des drones ! Personne ne veut rien perdre du spectacle... Un panneau, tenu par un militant associatif, en bas : « ASYLUM AHORA ! » Pourquoi utiliser l'espagnol ? Twitter explose. Peur, risque majeur... Le président, en déplacement à l'autre bout de la planète, est alerté, mais impossible de joindre le Premier ministre sur le toit d'une nacelle d'éolienne. Cette dernière oscille, vacille, on dirait un pendule. Elle va se déraciner, s'effondrer... La mort est assurée. Non, ce n'est que la tête, le Premier ministre est solidement accroché grâce aux mousquetons à l'un des crochets prévus à cet effet pour les techniciens de réparation. Les migrants et lui sont mélangés, les images deviennent confuses, zoom de la caméra : le chasseur alpin les sécurise, ils sourient, le Premier ministre leur tape dans le dos, une main cramponnée à un câble, ils font un signe à la caméra de l'autre main, on croirait des amis qui viennent d'arriver au sommet du Mont-Blanc.

— C'est l'heure d'aller à l'école.

La maman éteint la télévision, malgré les protestations des trois ouvriers et des autres clients, médusés.

— Tiens, c'est pour toi.

Avant que la fillette prenne le chemin de l'école, je lui tends le roman de Segalen, avec son dragon protecteur. Elle tourne les pages, dubitative, et en sort une carte de tarot oubliée à l'intérieur :

— C'est qui ? On se croirait à Halloween !

Je récupère l'arcane sans nom, qui a cessé de me faire peur avec son squelette affairé à moissonner la terre. Monsieur Bobo s'exclame, en me pointant du doigt :

— Mais c'est lui !

Je ne saurai donc rien de plus. Je n'insiste pas : je me retire... Respectueusement d'ailleurs et à reculons, puisque le protocole le veut ainsi. Après avoir salué mes nouveaux amis et réglé mon café (calva), je monte dans un VTC arrivé moins de trois minutes après l'avoir commandé. La suite du programme est simple : repartir à zéro.

— Pouvez-vous m'emmener au casino de Cabourg ?

Le chauffeur (trois étoiles), une femme prénommée Yasmina, me répond, en évaluant d'un coup d'œil dans le rétroviseur mon degré de sérieux :

— Oui, mais il me faut une avance.

En cherchant ma carte bancaire dans ma poche revolver, je tombe sur l'unique page sauvée de mon carnet. Je relis le mot de ma mère que j'y avais inscrit. « Nuage ».

— Allons plutôt à Calais.

Remerciements

Ces pages ont beau être d'invention, elles n'auraient pas été possibles sans l'expérience vécue au cabinet du Premier ministre Jean Castex, auquel j'adresse ici ma plus vive gratitude, ainsi qu'à mes anciens collègues, au premier rang desquels Camille Pascal, incarnation vivante de l'art délicat du discours politique.

Je remercie aussi Laurence Brisset et Makenzy Orcel, qui m'ont fait bénéficier de leur lecture avisée, avec une mention spéciale pour Alexandre Labruffe, le plus *wonderful* des coachs littéraires.

Mes remerciements vont également à mon premier éditeur, qui est toujours de mes premiers lecteurs : Réginald Gaillard.

Enfin, un grand merci à l'équipe des éditions Plon, et tout particulièrement à Jean-Luc Barré, qui sait que la politique peut être le meilleur comme le pire des romans, et à Pierre Chardot, à qui je dois une caisse de saké.

Pour en savoir plus
sur les Éditions Plon
(catalogue, auteurs, vidéos, actualités...),
vous pouvez consulter
www.plon.fr
www.lisez.com

lisez!

et nous suivre sur les réseaux sociaux

Editions Plon
@EditionsPlon
@editionsplon

#lisez! engagé
www.lisez.com
Pour plus d'information :
Imprimé sur du papier issu de forêts gérées durablement.

CET OUVRAGE A ÉTÉ ACHEVÉ D'IMPRIMER SUR ROTO-PAGE
PAR L'IMPRIMERIE FLOCH À MAYENNE EN MAI 2024

N° d'impression : 104834
Imprimé en France